电子商务环境下财务管理模式研究

邓亚娟　孙 琪　著

吉林人民出版社

图书在版编目(CIP)数据

电子商务环境下财务管理模式研究 / 邓亚娟,孙琪著. -- 长春 : 吉林人民出版社, 2022.11
ISBN 978-7-206-19709-3

Ⅰ. ①电… Ⅱ. ①邓… ②孙… Ⅲ. ①电子商务-财务管理-研究 Ⅳ. ①F713.36

中国版本图书馆 CIP 数据核字(2023)第 000257 号

电子商务环境下财务管理模式研究

DIANZI SHANGWU HUANJING XIA CAIWU GUANLI MOSHI YANJIU

著　　者: 邓亚娟　孙　琪
责任编辑: 王　斌
装帧设计: 王国会
出版发行: 吉林人民出版社(长春市人民大街 7548 号　邮政编码:130022)
咨询电话: 0431-85378007
印　　刷: 长春市华远印务有限公司
开　　本: 880 mm × 1230 mm　1/32
印　　张: 5.75　字　　数: 165 千字
标准书号: ISBN 978-7-206-19709-3
版　　次: 2022 年 11 月第 1 版　印　　次: 2022 年 11 月第 1 次印刷
定　　价: 45.00 元

前　言

互联网和移动网络技术的日新月异，使我国电子商务获得了持久发展，交易规模日益扩大，逐渐成为受众较广的交易方式，应用于生活、生产的各个方面，尤其是在企业的财务管理运作中展现出其自身独特的优势。

财务管理是企业管理的重要组成部分，在企业管理中占据着非常重要的位置，科学高效的财务管理是企业生存及可持续发展的基础和前提。企业的存在就是为了盈利，如果财务管理工作做得不到位，企业就失去了存在的价值，企业的发展也就毫无意义。企业的财务管理工作如果可以进行有效的信息化，则会给企业创造更多的经济效益。然而，随着企业转型、技术转型和业务转型的持续推进，对财务管理的价值管理能力、业务支撑能力、资源优化配置能力和精细化管理能力提出了更高要求。

近年来，电子商务进入了人们的日常生活中，随着人类对网络的依赖性逐渐加强，电子商务也将成为当代商务形式的主流。现阶段，我国电子商务交易范围在不断拓展，这对传统意义上企业财务管理工作构成了一定的影响。而企业的财务管理工作在这种环境下也应适应这种变化，其内容、方法、手段、技术等必须不断创新、不断发展。

本书共六章。第一章以财务管理概论开篇，第二章介绍了财务管理信息化，第三章从市场营销的角度解读财务管理，第四章将电子商务与财务管理融合，第五章讨论电子商务环境下的财务运作，

第六章紧扣主题论述电子商务环境下财务管理模式构建。

全书理论与实践相结合，内容丰富具体，结构严谨完整，具有很强的学术研究参考价值，对从事高校财务管理专业的教师和相关从业人员有一定的指导和借鉴作用。

本书在写作过程中参考和借鉴了一些专家和学者的研究成果，在此一并表示感谢。由于笔者能力所限，如有错漏之处，恳请读者批评指正。

目　　录

第一章　财务管理概论

第一节　财务管理的基本内容

一、财务管理的概念和特点

（一）财务管理的概念

财务管理首先是企业管理中的一个重要部分，是基于某一整体财务目标，对企业资产购置（投资）、资本融通（筹资）、现金流量（营运资金）以及利润分配的统筹管理。简单来说，财务管理活动就是企业在生产过程中的资金运动，要在相关财经法规制度的范围内进行，遵从财务管理的相关原则，组织企业财务活动，处理财务关系。这里还涉及企业财务关系的概念，即由企业财务管理活动而产生的企业或者其他经济主体的经济利益关系。

（二）财务管理的特点

1. 范围广

第一，从企业内部来说，财务管理活动包括原料采集、生产加工、出厂销售等所有流程，企业内部每个部门的运转与经营都离不开资金往来。每个部门都不可能单独运行，都无法脱离财务管理部门的监管，要在财务人员的指导下对资金的使用、节约等进行统一规划。同时，财务管理部门要为企业各项管理提供参考标准和基本资料。第二，从企业外部来说，财务管理包括企业在市场上进行各类经济活动过程中与各级、各类经济主体存在着密不可分的关联，比如企业与股东、债权人、政府、金融机构、供应商、客户及内部职工等。

2. 综合性强

现代企业制度下的财务管理更趋向于一种全新的价值管理，并不是单一性的企业资金收支管理，而是涉及筹资、投资、权益分配、成本控制等各个领域，具有很强的综合性。从价值管理的角度来说，财务管理通过资金流入、流出的价值形态，能够第一时间整体反映商品的生产和经营状况，并结合价值管理形态进行相应的商品管理。换言之，在企业的所有经营活动中，财务管理无处不在，囊括了生产、经营、销售各个环节和人、财、物所有要素。这也是提升企业管理要先从财务管理入手的主要原因，财务是一个企业的命脉所在，只有掌握好财务，才能进一步协调、统筹、把握企业的所有生产经营活动。

3. 灵敏度高

市场经济体制下的企业作为面向市场的独立法人实体和市场竞争主体，其经营管理的最终目标就是实现效益最大化。这不仅是市场经济环境下企业自身发展的需要，也是社会主义现代化建设对企业的基本要求。企业的生存与发展依托生产效益的增加，并且这一过程的实现都会以资金流动的形式呈现在企业财务上，并在很大程度上影响财务指标的完成。所以说，财务管理是企业管理的基础与核心。做好财务管理工作，企业管理就会轻松得多。

二、财务管理的内容

一般情况下，企业的基本活动主要有投资、融资、运营和利润分配四项，如果是生产企业，还涉及对生产成本的管控。从财务管理的角度来说，投资和融资都可以按目标期限划分为长期投/融资和短期投/融资。由于短期投/融资目标期限较短，与营业现金流管理密不可分，因此一般情况下会放在一起讨论，统称为营运资金管理。本书的投资管理和融资管理是指企业的长期投资和长期融资(筹资)。

(一) 投资管理

企业投资是其谋求发展和获取利润的必然选择。在具体的投资管理活动中，企业需要在投资规模、投资方向和投资方式等方面进行一系列的规划和选择，不能盲目搭建投资结构，否则会增加投资风险，影响投资效益。当然，投资项目的选择会在很大程度上影响企业价值并形成一定的财务风险。此外，企业投资分为内部投资和外部投资两种。内部投资是对本企业内部项目的投资，比如购置生产设备、采购办公用品、改善企业基础设施等；外部投资是将资金用于企业外部项目，比如投资本企业之外的新产业或与其他企业合资开发新项目等。无论内部投资还是外部投资，都是为了最大限度地为企业获取利润。所以一定要有科学合理的规划，做出正确的投资决策；否则，不仅收效甚微甚至影响企业的整体投资收入和经济状况，未来发展部署也会受限。

（二）筹资管理

任何企业的生存与发展都离不开资金的支持，因此在企业经营管理中最重要的一项内容就是筹集资金。筹资和投资一样，不能盲目，要结合企业自身的发展需求，寻求靠谱、稳妥的筹资渠道和资本市场。具体来说，在筹资活动中，企业不仅要总体把握筹资规模，明确资金缺口，而且要慎重筛选筹资渠道和方式，制定与企业发展相适应的筹资规划，从而最大限度地规避风险，维护企业利益。

（三）营运资金管理

企业营运就是企业的日常运转，在这个过程中，伴随着大量现金流的出入。一般情况下，企业的营运资金量比较大，占据了企业所有资金的较大比重，因此在企业财务管理中不容小觑。营运资金管理的内容包括现金持有量的管理，原材料订购、存货数量的管理，应收和应付账款的管理，短期借款或还款计划的制订，等等。除此之外，营运资金管理还要考虑如何将有限的资金最大化地利用起来，将流动资产进行有效的短期投融资管理等。

（四）利润分配管理

利润分配管理是对企业利润分配活动及其形成的财务关系的组织与调节。简单来说，就是将企业的经营收益合理分配给企业的利益相关者，包括企业内部员工和管理者，还有企业合伙人、投资人等。我们知道，利润和分配作为企业经济利益的来源和去向，二者组成了企业经济利益的流动系统。企业营业收入扣除成本费用才是利润，对利润的分配要结合企业生产经营的需要，除了基本的利益分配外，还可以按比例回馈给投资者，也可以留存一部分作为备用资金。总之，企业的财务人员要控制分配的比例、掌握分配均衡度，以维护企业长期利益最大化为基本前提。

企业财务管理的四项基本内容彼此依存、不可割裂。首先，筹资是基础和前提，只有融到足够的资金，才有可能保障企业顺利开展各项生产经营活动，才能保障生存与发展。其次，投资是企业发展的必然选择，筹得的资金必须进行有效投放，不断增值，才能发挥筹资的作用，而且投资量的大小决定了企业筹资的规模。再次，无论是投资还是筹资的过程都要借助企业的资金运营管理来实现，不断提高企业运营资金的效率，优化投资和融资的规划，实现运营资金管理效益最大化。最后，利润分配是筹资、投资、资金运营管理三个环节共同作用的结果，同时又反作用于上述三个环节。所以，财务管理的这四项基本内容共同构成了企业价值形成的必要环节，是促进企业稳定发展、效益不断增加的关键所在。

三、企业财务关系

财务关系，顾名思义就是经济方面的关联。企业在经营的各种财务活动中会与其涉及的所有利益方发生经济往来，这就是企业财务关系。

（一）企业与投资者之间的财务关系

企业在发展过程中离不开投资者的资金支持，简单来说，投资者向企业注入资金，企业向投资者支付相应的投资报酬，这便是企业与投资者之间的财务关系。企业的投资者上至国家、法人，下至个人，还包括境外投资者等。在存在投资关系时，企业与投资者之间会拟定相应的投资合同，规定投资规模、比例、回报形式、回报时间、回报率等。企业利用投资者出资经营并实现利润后，要按照合同约定的数量和比例将所得利润如期分配给投资者，以维护企业与投资者之间的财务关系。

（二）企业与债权人之间的财务关系

企业的融资渠道除了寻找投资外就是借贷。当企业的营运资金不能满足自身发展需求时，为了寻求发展会向某机构、企业或者个人借入资金，并按照约定时间向债权人支付一定利息，从而形成相应的经济关系，这就是企业与债权人之间的财务关系。企业的债权人在债务合同到期后有权要求企业支付相应的本金和利息，双方的财务关系属于债权性质。

（三）企业与被投资单位之间的财务关系

企业与被投资单位之间的财务关系主要源于企业的投资行为。当企业发展到一定规模，具备一定经济实力时，就要进一步扩大生产和经营范围，一般会以投资的方式进行，购买股票或者是向其他企业投资，所形成的经济关系就是企业与被投资单位之间的财务关系。企业一旦决定向某机构或企业注资，就要依照合同履行出资义务，同时享有被投资单位的利润分配。

（四）企业与债务人之间的财务关系

企业与债务人之间的财务关系是指企业以购买债券、借款或信贷等方式向他人借贷而产生的一种金融关系。在借款后，企业有权向债务人提出按照协议条款偿还本金和相应利息。企业和债务人的关系表现为债权和债务的关系。

（五）企业与往来单位之间的财务关系

企业与往来单位之间的财务关系，主要表现为企业与供应商、客户因产品贸易而产生的或因提供某种服务而产生的经济联系。这类经济联系主要体现在企业之间的收支结算上，要及时收付，避免互相侵占。企业与交易单位的财务关系表现为买卖合同的义务关系，本质上也属于债权债务关系。

（六）企业内部各单位之间的财务关系

企业内部各单位之间的财务关系，是指在其各自生产和运营过程中，各个部门互相供应商品和服务而产生的一种经济联系。企业内部的财务会计制度中，企业的供销、产销部门和各生产商成员之间，通过相互提供产品和劳务进行内部的转让定价和结算，从而建立起企业内部的资金往来关系。

（七）企业与雇员之间的财务关系

企业与雇员之间的财务关系，是指雇员为企业提供劳务时获得一定的报酬而产生的一种经济关系。企业应当以其产品的销售所得为职工支付工资、津贴、奖金等，并根据提供的劳务质量和数量支付其相应的工资。这是一种企业与雇员之间的财务关系，它反映了企业与雇员对劳动成果的分配。

（八）企业与政府之间的财务关系

企业与政府之间的财务关系是以税务法律关系为基础的。作为全社会的管理者，政府工作必须有一定的财政收入做支撑。因此，政府要按照有关税法，对所有企业征收各类税费。同时，政府也有责任为其提供相应的社会服务以及和谐稳定的商业环境。因此，企业与政府之间存在着法律上规定的纳税和提供基本服务的财务关系。

第二节　财务管理的目标与相关者利益协调

一、财务管理的目标

财务管理的目标是企业在进行金融业务时所追求的终极目标。通常，企业经营是为了创造财富（或价值），而企业的财务管理则是为了达到企业的财务目标而做的一系列财务方面的工作。由于财务活动是从价值层面上直接反映企业产品和服务的供给过程，因此，财务管理对企业目标的实现具有十分重要的意义。

（一）利润最大化

利润最大化是指企业的财务管理以获得最大的利益为目的。把利润最大化作为企业的财务管理目标，其理由有三个：第一，人的生产和经营都是为了创造更多的剩余产品，而在市场经济中，剩余产品的数量可以用利润来度量；第二，在自由市场上，资本的所有权归利润最高者所有；第三，只有使所有的企业都能获得最大的利益，才能使全社会的财富不断增加，进而推动整个人类社会的进步与发展。

利润是企业经营业绩的一个重要指标，反映了企业创造的财富。利润越高，代表企业的财富增长越快，距离企业的目标越近。

以利润最大化为企业财务管理目标的优势在于：在实现利润最大化的同时，必须进行经济核算，不断改进管理方式，引进最新技术，以最低的产品成本，创造出最高的价值。这些措施对优化企业的资源分配、提高企业的整体经济效益具有重要意义。然而，将企业的财务管理目标定为企业利润最大化，存在不少弊端。

1. 忽略时间价值

比如，同样是100万元的收益，今年与10年之后的实际价值并不相同，在10年中，时间价值也是逐渐增加的，并且这个数字会因折扣率的变化而发生变化。

2. 忽略风险问题

不同的产业存在着不同的风险，而同样的收益价值对不同产业的影响也是不一样的。举例来说，投资500万元，当年盈利100万元，有的企业将这笔盈利直接变成了现金；有的企业将其体现为应收账款，而且有很大的坏账风险。因此，一味地追逐利益，会使企业的经营范围盲目扩大，从而增加企业的金融风险。

3. 忽略利润与投入之间的关系

比如，A、B两个项目都给企业创造了100万元的收益，而A项目的总投资比B项目的要少500万元。很显然，如果企业财务管理者没有把投资成本纳入考量，只看收益，就不能做出准确的决策。因此，单从利益最大化角度来看，并不能全面、客观地反映出企业的经济效益，也很难对资金规模有差异的企业或者同一家企业在不同的历史阶段进行对比。

4. 误导企业倾向于短期财务决策，不利于长远发展

由于利润指标一般是以年为单位进行的，企业的经营决策通常只为完成或达成年度目标，而对产品研发、人才培养、生产改进等不够重视，从而导致企业缺乏发展潜力，乃至逐渐走向衰退。

（二）股东收益最大化

在股东收益最大化的观点中，人们普遍认为股东创办企业和有效经营的目的在于获取更多的财产，那么股东的财产增值便成为企

业财务管理的根本目标。这种观点主要是源于股东创办企业的根本目的就是获利。如果股东无法从企业中获得满意的收益就不可能再为企业注资，企业也就没有生存的必要了。

在我国上市企业的股权结构中，可以用股权市值来度量企业所有者的财富。股东财富的增长可以通过股权市值与其投资额之差来度量，这个差额就是“股东权益的市场增加值”。这一概念中的股东财富最大化，是指企业为股东创造的市场增加值，而不是股东权益的市值。

1. 股东收益最大化的优点

分析了货币的时间价值和危险因子。股票价格是投资人对企业业绩与运营前景的期望，股票价格的高低是投资人对企业价值的一种客观判断。股票价格与企业利润水平、经营风险以及未来发展前景密切相关。若投资者对企业的未来运营和业绩有较高的期望，股票价格就会上涨；反之，则会下跌。

在某种程度上，可以避免企业的短期投资。因为不但当前的收益会对股票价格造成影响，而且预测收益会对股票价格有很大的作用。

对于上市企业来说，股东收益最大化目标更易量化，以便展开各种考核和实施奖惩措施。

2. 股东收益最大化的缺点

基本上只对上市企业有作用。因为非上市企业不可能随时准确地掌握企业股价，那么股东的实际收益就无法准确估算。

股票价格受到很多因素的影响，尤其是企业的外部环境，一些因素甚至是不合乎逻辑的。因此，股价并不能全面、客观地体现企业的财务状况，比如一些濒临倒闭的企业，由于某一利好契机，其股价突然大幅上涨；而一些经营状态良好的企业，可能仅仅因为某天的一则负面新闻，其股价就大跌。所以，企业股价有可能只是一时的表面现象，不能单凭股价衡量股东的收益。

（三）企业价值最大化

企业价值最大化是以使企业的价值最大化为目的的财务管理行为。企业价值是指企业股东和债权人的市值，也就是企业能够产生的未来现金流的现值。未来现金流的概念是从资本的时间价值和风险价值两方面来说的，这是基于资本的时间价值对现金流进行折现计算的不确定性和风险。企业价值最大化是指企业在实现企业长远发展的前提下，采取最佳的财务政策，充分考虑资本的时间价值、风险和回报之间的关系，从而实现企业的整体价值最大化。

以企业价值最大化为财务管理目标，具有以下优点。

1. 考虑时间价值和风险因素

在对企业进行评估时，投资人会根据现金流现值的总和，将资本的时间价值计入其中。在此基础上，对自由现金流量进行估计，并将风险因素纳入其中。这一指标对科学合理的投资决策、合理的投资方案的选择、有效的融资、公平的分红等都是有益的。

2. 实现利益兼顾

企业价值最大化就要兼顾所有利益相关者的共同利益，除了股东，还考虑了债权人、经理层、一线职工等每个为企业发展做出贡献的付出者的利益。

3. 避免企业的短期逐利行为

把企业的长期稳定发展和可持久盈利作为首要目标，可以消除企业在追逐利润方面的短视，这是由于企业的既往利益和当前利益会对其产生巨大的冲击，同时也会对企业的未来盈利产生更大的影响。

4. 有利于社会资源的合理配置

社会资本往往会流向那些具有最高利益的企业或产业，以剔除那些经营不良的企业，从而使其获得更多的社会效益。

然而，将企业利润最大化作为经营目标，往往太过理论化，难以实现。比如，难以预测未来的自由现金流与折现率；预测的周期越久，其错误越大，因此难以精确评估企业的资产。而在对非上市企业进行评价时，往往又会受到评价准则和方法的限制，难以实现客观、精确的评价。

（四）相关者利益最大化

现代企业是多边合同关系的集合体，要确定一个科学的财务管理目标，就必须考虑哪些利益关系会对企业的发展造成影响。在市场经济条件下，企业财务管理的主体日益精练、多样化。作为企业的所有者，股东享有最高的权益，同时也承担了最大的责任与风险。在企业中，客户、供应商、政府都要承担一定的风险，所以，企业的利益相关方既包括股东，也包括债权人、企业经营者和客户，还包括供应商、雇员、政府等。在制定企业财务管理目标时，必须考虑各相关者的利益。

1. 相关者利益最大化目标的具体内容

第一，注重风险和回报的平衡，使风险控制在企业能够承担的限度之内。

第二，强调以股东为中心，注重企业与股东的协调。

第三，注重对代理商（企业管理者）的监管与控制，为实现企业目标制定行之有效的激励机制。

第四，对普通员工要给予关怀，营造良好的工作氛围；给予适当的福利，使员工能够长期为企业服务。

第五，持续强化与债权人的联系，培育可靠的供资方。

第六，关注顾客的长远利益，使企业的销售业绩持续稳定地上涨。

第七，加强与供货商的合作，携手应对市场竞争，重视企业形象推广，履行承诺，重视信用。

第八，与政府部门维持良好的关系。

2. 以相关者利益最大化为财务管理目标的优点

以相关者利益最大化为财务管理目标对企业的未来稳定发展是有益的。该目标着眼于企业在发展的进程中，同时兼顾各相关者的利益。在寻求长远、稳健的发展时，从企业的视角进行投资研究，可以有效规避单从股东角度出发带来的一系列弊端。

它充分反映了“互利双赢”的价值观，对促进企业的经济效益与社会和谐发展具有重要意义。因为要考虑到企业、股东和政府等多方利益，所以企业不仅是一个纯粹的利润机构，也肩负着某种社会责任。

它是一个多极化、综合性的指标系统，能够更好地协调各方的利益。该目标能使企业利益主体之间相互影响、协调，实现企业和股东利益最大化，从而使其他相关者的利益达到最大化。

它是现实与远见的有机结合。各相关方都有自己的衡量标准，只有合理合法、互利互惠、相互协调，才能达到各方的最大利益。

（五）各种财务管理目标之间的关系

不难看出，以上各种财务管理目标都是基于股东利益最大化的。由于企业是市场主体，其建立和发展都要建立在投资者的投资之上，没有了投资者的投资，企业就会消失。此外，在企业的日常运作中，股东是企业的所有者，其责任与风险也是最大的，因此其收益也应该是最大的。也就是说，如果没有最大限度地实现股东的收益，将很难推动企业的可持续发展。

当然，在股东收益最大化的前提下，也要考虑到其他相关者的利益。在世界各国的法律中，股东的收益是在各相关者利益得到满足之后的剩余价值。

在税后收入之前，企业必须交税、支付员工报酬、提供顾客满意的商品和服务。显然，其他相关者在股东得到收益之前就已经得到了满足，所以，这一满足不可能是无止境的。

如果没有对其他相关方的需求进行约束，那么“剩余”是不存在的。股东只有在确定自己的投入能产生令人满意的收益时才会进行投资。如果没有股东收益最大化这一目的，那么利润、企业价值和相关方利益就不可能达到。所以，在突出企业的社会责任的同时，也应该让其追求利益的最大化。

二、相关者利益冲突与协调

股东、债权人、供应商、客户、员工、政府等都是与企业利益挂钩的相关方，他们与企业有共同的利益和矛盾。协调各方利益冲突要掌握的基本原理是：尽量让其所得到的利益分配达到动态的均衡。而在各种利益冲突的协调中，所有者和经营者、股东和债权人之间的利益冲突和协调尤为重要。

（一）股东和管理者利益冲突与协调

在现代企业里，经营者或者管理者通常并不占有股份，他们仅仅是股东的代表。股东期待着管理者能够为自己的利益服务，从而使自己的收益最大化；而管理者想要获得更多的报酬，同时要尽量地规避风险。可见，企业的管理者和股东往往有着各自不同的目标。

1. 经营者背离股东利益

企业经营者为了自身的收益最大化，有时会不顾股东的利益，从而出现二者利益相背离的情况。

（1）道德风险

道德风险是来自企业经营者道德层面的问题。由于股票价格上涨带来的收益会由股东获得，因此，经营者可能不会尽全力去达到企业财务管理的目标，因为与自己的利益相关性不大。而一旦经营失败，就会受到相应的损失，所以，他们也不会去做错什么，只不过为了让自己有更多的空闲时间而不那么努力。这样的做法虽然不提倡，但也仅仅属于道德层面，并没有违背法律，因此，股东很难对管理者进行问责。

（2）逆向选择

逆向选择是指经营者完全偏离股东的目的，以达到其自身的目的。比如，高调、奢华的办公室，购买高档汽车，过度的工作开支，这些都是有损股东利益的逆向做法。

2. 股东解决方法

基于股东与管理者之间的利益冲突，股东通常采取以下方法防止经营者背离自身的目标。

（1）解聘

解聘是一种由股东对管理者进行制约的方法。股东要对管理者进行监督，若其业绩不理想，则采取相应的惩罚措施，或者直接解雇；管理者为避免被解雇就必须努力工作，以达到企业财务管理的目标。

（2）接收

接收是一种用市场来限制管理者的方法。当管理者决策失败、经营不力、业绩不佳时，该企业极有可能被其他企业强制接收、兼并，连带的管理者将被解雇。为避免此类情况，管理者应力求达到财务管理的目的。

（3）激励

激励最好的方法就是将管理者的收益与其绩效相关联，以激励管理者主动采取措施提高股东财富。常见的激励形式有以下两种。

①股票期权。企业允许经营者按事先设定的条件，购买企业一定比例的股份。为了使股票价格上涨，经理人必须积极地采取措施，在自己获利的同时，也增加了股东的财富。

②绩效股。企业利用每股收益、资产回报率等指标对管理者业绩进行评估，根据业绩的不同，对其进行不同程度的股权奖励。若管理者业绩不达标，则会失去原有的业绩股份。这样的做法，不但可以促使管理者通过各种方法来获得更多的业绩，而且会通过多种方法来促进股价的平稳上涨，从而使企业的股价上涨，进而增加股东的财富。即便是由于客观因素，股票价格没有上涨，管理者也可以通过获取绩效股来获利。

（二）股东和债权人的利益冲突与协调

股东的目标也许会违背债权人的预期。在股东和债权人之间的利益冲突中有两点比较突出。首先，股东在没有得到债权人同意的情况下，就对风险高的项目进行了投资。这不仅增加了偿债风险，而且还会使债权人的债权价值下降，从而导致债权人的风险和利益失衡。高风险投资如果成功，则其附加收益将归股东所有，与债权人无关；如果不成功，则由债权人和股东共同承担损失。其次，在没有事先征得债权人同意的情况下，擅自举借新债，导致原债权价值下降。这是因为企业在发行新债后，债务比例增大，从而使企业破产的概率增大。一旦企业破产，原债权人与新债权人就会对其剩余资产进行分割，使所得价值大幅缩水。

债权人为了维护自身利益免受股东损害，有以下两种方法。

1. 限制性借债

债权人可以在借债合约中规定借债用途限制、借债担保条款和借债信用条件，使股东不能轻易降低、分解债权人的债权价值。

2. 收回借款或停止借款

一旦债权人察觉企业有损害其债权价值的行为时，可立即收回债权或不再给予新的借款，以尽量维护自身权益。

三、企业的社会责任

作为一个有社会责任感的企业，在谋求自身发展的同时，还要勇于承担起维护和增进社会利益的义务。因此，企业应该担负起以下几项基本的社会责任。

（一）对员工的责任

除对员工有支付工资的责任，企业还承担着为员工提供安全、稳定的工作环境，并进行相关职业教育等方面的职责。根据相关法律规定，企业对职工负有的社会责任包括及时、足额地支付工资，并按照社会发展趋势和生活水平的需要，逐步增加其薪酬；为员工创造一个安全、卫生的工作环境，强化劳动保障，确保安全生产，并保护员工免受职业病的困扰；建立企业员工的职业教育与岗位培训体系，以提升员工的综合素养；完善工会、董事、监事等组织形式，营造健康、和谐的现代企业氛围。

（二）对债权人的责任

在我国，债权人是企业的一个主要利益相关者，企业应当按照协议和法律对其履行相应的义务，保护其合法权益。该义务既是企业的民事义务，也是企业的社会责任。企业对债权人负有的社会责任包括：真实、客观、详细地披露企业信息；诚信，不会滥用企业的信誉；积极偿还债务，不恶意拖延；保证交易的安全性，并能有效地执行所签订的合约。

（三）对消费者的责任

企业的价值实现主要依赖顾客的选择，因此，企业应该更加注重对顾客的社会责任。企业对顾客负有的社会责任包括：保证产品的品质和保证消费者的消费安全；以诚信为本，保障消费者的信息权利；为消费者提供优质的售后服务，解决他们的问题。

（四）对社会公益的责任

企业承担的社会公益责任主要包括慈善、社区等。其中以慈善事业最为常见，比如扶贫和捐赠等，主要对困难群体提供援助。其中，以社会福利院、医疗机构、教育机构为主体。另外，还包括接收经济困难、没有就业竞争力，或者身体有残疾的人到企业上班，并组织各类具有社会公益性质的、与企业经营范围相关的社会公益活动。

（五）对环境和资源的责任

企业对环境和资源也有一定的社会责任：一方面要保护自然环境，维护生态和谐；另一方面要努力节约资源，促进可持续发展。

同时，企业也负有服从政府管理、接受政府监管的职责。在政府的指导下，企业要依法经营，自觉履行法律赋予的责任，尽量为政府出谋划策，分担社会压力，支持政府的各种工作。

通常情况下，如果企业的盈利和投资回报率都很低，那么在激烈的市场竞争中很难再担负更多的社会责任。而对那些盈利能力较强的企业，它们完全能够肩负起相应的社会责任。企业参加一定能力范围内的社会公益活动，可以提升企业的形象，推动企业经营，从而提升企业的股票价格。但是没有一个企业能够长久地独自承担社会责任带来的额外费用。如果过度重视企业的社会责任，降低了企业的价值，就会造成整体资本使用的次最优，进而影响社会经济的发展。

实际上，作为社会经济的一部分，企业应该注意和积极地改进自己的生态环境，注重对员工、消费者和环境的相关责任，以促进企业的可持续发展。

第三节　财务管理的环节与原则

一、财务管理环节

（一）计划与预算

1. 财务预测

财务预测就是按照企业以往的财务活动，结合当下的财务状况，对未来一段时间内的企业财务活动进行一系列的预计和测算的过程。企业通过财务预测可以预估自己制定的所有生产经营方案的收益情况，从而做出适当调整；可以掌握未来的财务收支变动，从而改进经营目标；可以推测出各项定额和标准，为相关人员在制定目标和计划时提供参考。

财务预测分两种：定性预测和定量预测。定性预测主要是借助以往的财务数据和相关资料，通过财务人员的主观判断和综合分析能力，来测算企业未来的财务状况和趋势；定量预测则是参考各个变量之间的数量关系，搭建相应的数学模型进行预测。

2. 财务计划

财务计划是建立在企业整体发展目标和未来规划的基础上，参照财务预测的结果，对企业的财务活动进行整体规划，并最终以指标形式一一落实。财务计划的呈现方式基本是指标和表格，通过具体的货币数额体现在一定的计划期内企业的财务收支、财务成果及其分配情况。

3. 财务预算

财务预算是在财务战略、财务计划以及各类财务预测资料的基础上，在一个预算期内，对各项预算指标进行规划。这是一种具体的金融策略，是对财政规划的分解与执行。财政预算一般分为固定预算和弹性预算、增量预算和零基础预算、定期预算和滚动预算六种。

（二）决策与控制

1. 财务决策

财务决策是根据企业财务目标的整体需求，运用专业的方法，对不同的选择进行对比、分析，最终选择出最优的方案。财务决策在企业经营中起着举足轻重的作用，其成败直接影响企业的发展。

在财务决策中，主要的方法有两种：一种是基于决策者的经验判断法，通常采用淘汰、排队、分类等方法；另一种是定量分析方法，一般采用优选对比、数学微分、线性规划、概率决策等方法。

2. 财务控制

财务控制是指通过运用相关的信息资料和特殊的方法来改进和完善企业的财务活动，从而达到既定的金融目标。

企业一般采用前馈控制、过程控制和反馈控制等方式进行财务控制。财务控制的具体措施主要包括预算控制、经营分析控制、业绩考核控制等。

（三）分析与考核

1. 财务分析

财务分析是指企业的财务管理人员基于财务报表等基本财务资料，运用专业的方法，对企业财务状况、经营成果和发展前景进行系统分析与科学评估。一般采用比较分析法、比率分析法、因素分析法等进行分析。

2. 财务考核

财务考核也称财务评价或财务评估，是将某一报告期内的实际工作业绩与设定的绩效指标相比较，从而决定各相关单位和个人在工作中的完成情况。财务评价与奖惩关系直接挂钩，不仅要落实问责制，而且要建立健全激励和制约机制。

财务考核的方式不是唯一的，可以将绝对指标、相对指标、完成百分比作为考核方式，还可以将各种不同的财务指标综合起来进行考核。

二、财务管理的原则

（一）风险与收益权衡原则

风险与收益的权衡是一种折中的方法。投资者在收益与风险之间需要做好利弊衡量，要么为了获得更高的回报而冒更大的风险，要么为了降低风险而接受更低的回报。“权衡”就是要明白，高回报的投资就意味着高风险，而低风险的投资则意味着低回报。

高收入和低风险是人们的共同愿望，但实际上，人们往往无法在低风险的情况下获得高回报。即使有人先知先觉，早于其他人察觉到这个机遇并采取了行动，也很快会被人追上来，这样竞争就会升级，回报率就会降至与风险基本持平的程度。所以，在真实的市场中，只有高收益、高风险和低回报、低风险的投资机会，几乎不存在所谓的低风险、高回报。市场中的投资者无论是偏好高风险、高收益的，还是偏好低风险、低回报的，他们都是追求风险和回报的平衡性，不会轻易冒险。

（二）资本市场有效性原则

资本市场是一个股票交易的市场。资本市场有效性原则是指在资本市场上进行频繁交易的金融资产，其市场价值能够充分地反映现有的各种信息，并且能够及时地适应新的信息。

资本市场有效性原则是指企业管理者必须考虑到市场对企业股票价格的影响。资本市场不仅是一个企业的反照物，也是一个企业的行为矫正工具。股票价格能全面地反映企业的经营状况，造假、人为改变会计核算方式对企业的增值没有任何帮助。有些企业将大量的时间和精力用于美化自己的财务报表，试图迷惑他人，这种做法在有效的市场中是行不通的。在市场对企业价值评估下降的情况下，应当分析企业的行为有没有偏离正规，并找到改善的方法，而不是试图蒙蔽市场。那些试图欺骗市场的人，最终会被市场淘汰。

资本市场有效性原则要求企业管理者在运用财务工具时要谨慎。企业经营者的职责是经营好企业，然后把握竞争优势，从产品和服务中获利。因而，企业经营者对金融市场的研究很少，对金融产品的投资也属于“外行”。他们不大可能掌握股票价格的具体情况，而仅仅依靠公开的信息很难从金融市场中获利。另外，在资本市场中，企业的作用更多的是融资主体，而不是投资者，即使从事利率、外汇等期货业务，其目标应该是套期保值、锁定价格、降低风险，而不是靠金融投机来牟取暴利。

（三）净增收益原则

净增收益原则是以净增利益为基础的财务决策，决策的价值体现在相较于其他方法，其净收益的增长。

一种决策的好坏，是相对而言的，要与其他备选方案进行比较。当一种决策的净收入大于另一种决策时，它就是更好的选择。在企业的财务决策中，企业的净收益一般都是以现金流来衡量的，即现金流入与现金流出之间的差额，也就是所谓的现金流量净额。适用净增收益原则是差异分析，即在对项目进行分析时，仅对有差异的环节进行分析，而对同一部分可以不做分析。

另一种适用净增收益原则的是沉没成本概念。沉没成本指的是正在发生但不会因未来的决策而产生任何变化的费用。沉没成本和要采用的决策没有关系。所以，在对决策进行分析时应该把它剔除掉。

（四）货币的时间价值原则

货币的时间价值是在一段时期内，通过投资或再投资后产生的增值。在货币进入市场后，其数量会随着时间的推移而增长，这是一个具有普遍性的、一定的客观意义的经济活动。所以，在进行会计核算时要充分重视货币的时间价值。货币的时间价值有以下两个重要用途。

一个是现值的概念。同等面值的货币今天的价值和未来的价值相比，显然不一样，所以在计算货币价值时不能将不同时期的货币价值直接相加，要进行“折现”计算，也就是将不同时期的货币价值转换为相同的时点，然后进行比较计算。现值概念在金融估价中被广泛使用。

另一个是“早收晚付”的概念。这主要是针对无利息的货币交易的，对于付款方来说，晚付更合适；而对于收款方来说，早收更合适。因为钱只有在自己手中才有支配权，可用于投资、消费、支付，还可产生增值，所以，早收晚付对企业的经济收益具有促进作用。

第四节 财务管理环境

财务管理环境是指在企业内部和外部环境中，对企业的财务管理活动有重要影响的各种因素的总称。企业的财务活动是在特定的环境中进行的，环境决定了财务活动的客观条件。而财务管理的环境包括国家政治经济形势和制度法规，以及企业所处的市场情况、企业的生产设施等。本节重点介绍企业的社会文化环境、技术环境、经济环境、金融环境。

一、社会文化环境

社会文化是指在一定的社会背景下，人们所养成的习惯观念、价值理念、行为准则及人们对经济、金融的观念等。

社会文化环境涉及的范围极其广泛，除了社会生活中的各个领域，还有与社会制度相适应的各种社会观念和人文态度等。社会文化是人类的精神活动，而非生产活动。作为一种社会行为，社会和文化的方方面面都会影响企业的经济活动。

二、技术环境

技术环境是保障企业财务管理顺利实施的技术手段和条件，是提升财务管理效率和效果的前提。现阶段，我国财务管理主要以会计系统为基础，其提供的信息占企业经济信息总量的六七成。企业内部的会计信息主要用于企业的经营决策，而企业外部的会计信息则是为企业投资者、债权人的经济活动服务的。

当前，我国正在大力推动企业的财务信息化建设，大力培养会计信息技术人才，使各大企业的会计信息化与企业经营管理信息化相结合；加强对企业、事业单位的管理和风险防范，实现信息资源的共享，有利于各类信息使用者获取、分析、利用财务信息，进行投资和决策；通过信息化手段，基本实现了大型会计师事务所在审计中的应用，提高了审计的质量和效率。我国的政府会计工作和会计监督工作逐步走向信息化，使我国的财务管理和监督效率得到进一步提高。我国企业会计信息化工作全面开展，进一步改善了企业财务管理的技术环境。

三、经济环境

在影响企业财务管理的诸多外在环境中，最主要的因素是经济环境。经济环境包括经济体制、经济周期、经济发展水平、宏观调控政策、通货膨胀水平。

（一）经济体制

在计划经济时期，企业资本都由国家掌控，无论是投资还是筹资都由国家统筹管理，盈亏由国家负责。企业没有独立的财务管理权力。企业财务管理的内容相对单一，管理手段相对简单。在市场经济条件下，民营企业不再受国家管控，是一个“自主经营，自负盈亏”的经济组织。企业可以根据自己的需求，合理地规划资金，在市场上进行融资，并将募集到的资金投入收益较高的项目中；所得收益最终按需分配，使企业的财务活动按照财务管理决策平稳、顺利进行。总之，市场经济体制下的企业财务管理活动涉及的内容逐渐广泛，手段也日益多元化。

（二）经济周期

在市场经济中，经济的发展和运作是波动的。总的来说，它经历了复苏、繁荣、衰退和萧条四个阶段，这被称为经济周期。在不同的经济周期，企业应该采取与之相适应的金融策略（表 1－1）。

表 1－1 经济周期中不同阶段的财务管理策略

阶级	复苏	繁荣	衰退	萧条
策略	增加厂房设备	扩充厂房设备	停止扩张	建立投资标准
	实行长期租赁	继续建立存货	出售多余设备	保持市场份额
	建立存货储备	提高产品价格	停产不利产品	压缩管理费用
	开发新产品	开展营销规划	停止长期采购	放弃次要利益
	增加劳动力	增加劳动力	削减存货	削减存货
			停止扩招雇员	裁减雇员

（三）经济发展水平

财务管理的发展程度与经济发展程度直接关系，随着经济的不断发展，企业的财务管理水平也会随之提高。提高企业的财务管理水平，可以促使企业降低成本、提高效率、提高效益，进而提高经济发展水平；而随着经济的发展，企业的财务理念、管理模式、管理方式等都会发生变化，进而推动财务管理的进步。总之，财务管理要立足于经济发展的高度，把握宏观的发展目标，从业务工作的角度，确保企业的经营目标得到落实。

（四）宏观调控政策

不同的宏观调控政策对企业的财务管理产生了不同的影响。货币发行、信贷规模等财务政策对企业的投资融资渠道和投资回报产生了一定的影响；税收政策对企业资本结构、投资项目的选择产生了一定的影响；定价策略将会对资金的投入、投资的回收期以及预期的回报产生了一定的影响；会计体制的变革将影响到会计要素的确定与测量，从而影响到企业财务活动的预测、决策以及事后的评估。

（五）通货膨胀水平

通货膨胀会对企业的财务活动产生各种影响，具体包括：资本占用大幅增加，资金需求量也随之提高；虚报利润，导致企业的资本因利益的分配而损失；提高了利率，增加了企业的融资成本；降低了股票的价格，使企业融资更加困难；资金紧缺，融资困难。

企业要想降低通货膨胀对企业的负面影响，就必须采取相应的措施。在通货膨胀的早期，货币存在着贬值的危险。此时，企业进行投资，可以规避风险，从而达到资产的保值；与供货方订立长期采购合约，降低因价格上升而引起的亏损；争取更多的长期债务，以维持资本成本的稳定性。在通货膨胀持续期间，企业可以采取较为严苛的信贷条款来降低企业的外债；对企业的财务政策进行调整，预防和降低企业的资金损失。

四、金融环境

（一）金融市场的含义与构成要素

金融市场就是一个资金大量筹集和流通的地方，我们可以从宏观和微观两个角度进行分析：宏观的金融市场，包括货币借贷、票据承兑与贴现、股票交易、黄金和外币交易等；微观的金融市场是指股票交易市场。金融市场在企业资金管理活动中起着重要作用，可以有效调节资金余缺。了解不同种类的金融市场和经营规则，能使企业的财务人员更好地组织融资和投资活动。

1. 金融市场与企业财务管理

金融市场与企业财务管理密不可分，具体如下。

（1）金融市场首先是企业进行融资和投资的地方

首先，融资渠道日益多元化且灵活多变，企业可以结合自身需求选择恰当的融资渠道，确保企业正常运营；其次，在企业有了富余资金后，就可以将其投放到金融市场，比如银行存款、投资债券或者购买股票等。

（2）企业可以在金融市场中进行资金的自由流动

在融资市场中，企业可以通过各种融资方式，在时间、空间、规模等方面实现资金的转移。比如，企业所购买的可上市交易的债券能够随时变现，转换成短期资本；远期票据可以贴现变为现金；可流通的大额存单，也能在金融市场上出售，变成一笔短期的资金。

（3）金融市场对企业的财务管理具有重要意义

金融市场利率的变化是资金供需关系的重要体现，股票价格的波动性是投资者对企业当前运营情况和收益水平的评估。这些都是企业经营、投资、融资的参考依据。

2. 金融市场的构成要素

（1）金融市场主体

金融市场主体是构成金融交易活动的主要元素，个人、企业法人、金融机构及政府等都是金融市场的主体。

金融中介机构包括银行和非银行金融机构，它们是融资方与投资人之间的桥梁。中国的银行体系主要有中国人民银行、政策性银行、商业银行三大类。中国人民银行是国家的央行，它的职责包括制定货币政策、管理国库等方面的工作。政策性银行是指以国家产业政策和区域发展政策为宗旨，并不以营利为目的的金融机构。商业银行是以经营存款、贷款、办理转账结算为经营目的，以营利为经营目标的一种金融企业。非银行金融机构的范围则更加广泛，包括保险企业、信托企业、证券企业、金融租赁企业等。

（2）金融市场客体

金融市场客体主要指各类金融工具，简单来说就是各类证券，也是金融市场的交易对象，视其发行和流通场所，可分为货币市场证券和资本市场证券。

①货币市场证券。货币市场证券是一种短期债券，期限一般在一年以内，主要是政府、银行和工商业企业发行的短期信用产品，具有较短的期限、较强的流动性，但是相对安全稳定，风险不大。比如商业本票、承兑汇票、短期债券等。

②资本市场证券。资本市场证券是指企业和政府发行的一种长期有价证券。它是到期时间为一年以上的中期和长期的资本市场债券，具体包括普通股、优先股、长期企业债券、国债及衍生品等。

（3）金融市场的组织形式和管理方式

金融市场的组织形式可以分为两类：一是交易所交易，二是场外交易。交易方式有现货、期货、期权、信贷等。它的管理方式主要是根据市场管理机构和国家的法律进行管理。

（4）金融市场的利率机制

利率是指资本增值的基础单位，也就是资本的增值与资本的比率。在货币流动中，利率是指在一定时间内，利用货币作为一种资源的交易价格。在资本市场中，资金是一种特殊的商品，是以利率为基准进行交易的。而资本的流通，本质上就是资金资源在市场机制的作用下，以利率为基础的资本资源重新配置。因此，在资金的配置以及个人和企业的财务决策中，利率发挥着举足轻重的作用。但是在具体情况下，如何衡量未来的利率水平？这就需要对利率的组成进行分析。利率由三个方面组成：纯利率、通货膨胀溢价和风险溢价。风险溢价又包括三类：违约风险溢价、流动性风险溢价、期限风险溢价。利率可以用以下公式表示：

$$K = K_0 + IP + DP + LP + MP$$

式中，K 为利率（名义利率）；K_0 为纯利率；IP 为通货膨胀溢价；DP 为违约风险溢价；LP 为流动性风险溢价；MP 为期限风险溢价。

①纯利率。纯利率是在没有通货膨胀和风险时，社会利润率的均值。资金供求关系、社会平均利润率以及国家的汇率制度是决定纯利率水平的重要因素。一般认为，如果不存在通货膨胀，短期国库券的利率就是纯利率。

②通货膨胀溢价。通货膨胀溢价也称通货膨胀补偿，是指持续的通货膨胀会使货币的实际购买力越来越弱，于是提高溢价以弥补其购买力的丧失。因此，除了纯利率，无风险债券的利息还应该包括通货膨胀因素，以弥补通货膨胀带来的损失。目前，我国发行的短期国库券利率主要包括两个方面：一是纯利率，二是通货膨胀溢价。其表达式为短期无风险证券利率 = 纯利率 + 通货膨胀溢价，即

$$RF = K_0 + IP$$

其中，计入利率的通货膨胀溢价并不是已经发生了的实际通胀水平，而是对未来通货膨胀的预期。

③违约风险溢价。违约风险是由于借款人不能及时偿付利息或本金而给投资人带来的风险。违约风险体现的是借款人如期支付本金和利息的信用水平。如果借款人经常无法按时偿还债务，就表明其有较高的债务拖欠风险。那么，要想补偿拖欠的风险，就需要增加利息；否则，投资者将不会进行投资，借款者也不能筹得资金。国库券是国家发行的，它的利息通常比较低，基本不存在违约的危险。而企业债券违约风险的大小取决于其信用水平。企业的信用水平较高，信用状况较好，违约风险就小，利率较低；企业的信用水平较低，拖欠的可能性就大，信贷利率水平自然就高。通常会将国库券和具有相同到期日、变现能力的企业债券的利率差作为违约风险的溢价补偿。

④流动性风险溢价。流动性是一种资产能够快速地转换成现金

的可能性。如果一种资产能够快速转换成现金，就意味着它具有良好的变现能力和极高的流动性，且流动性风险偏低；反之，则表示它变现能力弱、流动性较差、流动性风险较高。政府债券、知名上市企业的股票和债券因其良好的信用和可变现能力，其流动性风险较低；而一些实力平平的中小企业所发行的债券，其流动性风险偏高。总体上，当其他要素都一样时，低流动性风险和高流动性风险债券的率差在 1—2 个百分点，这便是流动性风险溢价。

⑤期限风险溢价。一项债务的期限越久，其债权人将会面临越多的不确定性和越高的风险。为了补偿这些风险而提高的利率，称为期限风险溢价。举例来说，国库券的五年利率高于三年，银行存款和放款利率也是一样的。因为加入了期限风险溢价所以长期利率通常要比短期利率高。不过，如果利率发生了大幅变动，就可能出现短期利率比长期利率高的现象，但是，这并不会对以上结论产生大的影响。

（二）金融市场的分类

1. 货币市场和资本市场

根据时间的长短，可以将金融市场划分为货币市场和资本市场两大类。货币市场，也就是所谓的短期融资市场，是以一年内到期的金融产品为中介，进行短期资金融通的市场，主要有同业拆借市场、票据市场、大额定期存单市场、短期债券市场等；资本市场，也就是所谓的长期市场，是以一年或更长的时间为中介，进行长期资金交易活动的市场，包括股票、债券市场及融资租赁市场。

2. 发行市场和流通市场

按其职能划分，可将金融市场划分为发行市场和流通市场。发行市场也被称作一级市场，主要处理初始投资者和金融产品之间的交易；流通市场作为二级市场，就是指各类股票上市后，由不同的投资者进行反复交易的市场，也就是所谓的次级市场。

发行市场和流通市场分别对应着证券发行与流通交易，二者之间有着紧密的联系。发行市场是流通市场的前提，先发行后流通；而流通市场是发行市场生存与发展的必备条件。上市企业已发行股票的流通价，在很大程度上影响着该企业在发行市场上新发证券的价格。本书提到的证券价格，除了特别说明，是指在流通市场上的价格。

3. 资本市场、外汇市场和黄金市场

根据融资目标的不同，金融市场可以分为资本市场、外汇市场和黄金市场。资本市场主要以货币和资本为交易对象，是指同业拆借市场、国债市场、企业债券市场、证券市场等金融市场；外汇市场是指买卖各类外汇金融产品的市场；黄金市场，就是一个专门用来买卖黄金和兑换金币的场所。

4. 基础性金融市场和金融衍生品市场

根据所交易的金融产品的性质，可以将金融市场划分为基础性金融市场和金融衍生品市场两大类。其中，基础性金融市场是指以商业票据、企业债券、企业股票等基础金融产品为交易对象的市场，金融衍生品市场是指以期货、期权等金融衍生品为主的交易市场。

5. 地方性金融市场、全国性金融市场和国际性金融市场

根据地理范围，可以将金融市场划分为地方性金融市场、全国性金融市场和国际性金融市场。

第二章　财务管理信息化

第一节　会计核算信息化

一、会计电算化

（一）会计电算化的主要内容

会计电算化包括六项主要内容，分别是会计基础数据管理、总账管理、固定资产及折旧、存货管理、应收应付管理、现金（银行）日记账。

（二）会计电算化系统的核心功能

1. 总账模块系统

总账模块系统是会计电算化系统中的一个重要组成部分，处于核心位置。它包括账套和操作员的权限管理；会计科目和辅助核算，如往来单位、部门、职员、项目的增加、修改、设置等属性的管理；各类会计凭证的增删、修改和审核；账目查询，预算管理，期末结算；实现一般汇兑、损益的结转、收支的结转管理；“导入导出”的数据管理；数据的备份和恢复管理；等等。

2. 科目设置系统

科目设置系统可以实现动态科目级次；无论账户是否有期初或发生数据与否，系统都会提供科目拆分与合并的功能，并自动调整有关的数据；支持多种币种的核算、数量的核算；对一个科目可以同时提供五种辅助性会计核算，与科目编码分配相结合，大大增加了辅助性核算的数量；具有科目批量拷贝的功能，科目代码可以用数字和字母来定义。

3. 凭证管理系统

凭证管理系统可以采用凭证模板来按需设置凭证输入/输出形式，然后打印出来，具体的金额数据可以进行语音播报，节省人工录入的时间；在凭证录入时，提供了一个智能计算器，可以将数字和运算符号输入对应的计算框中，由系统自动计算并填写结果；当系统预设的某一条宽度无法满足摘要和科目的全部内容时，该内容会自动缩减为多行，并可在打印时自动缩放；可以自动冲销凭证，并依据编号对凭证进行查询；在审核时，对错误凭证可自行标记；通过系统自动产生的凭证可以直接查阅对应的业务数据，从而实现凭证的分类。

4. 通用转账系统

通用转账系统具有基本的通用转账功能，能够实现自定义转账公式，并能自动产生通用转账凭证。计算公式涵盖了全部业务，包括总账、明细账、应收账、应付账、现金银行、工资、固资等，甚至可以从电子表格中直接提取数据自动产生各种凭证，从而实现对各种综合费用的汇总、分摊等工作的自动化；在设定公式时，可以根据需要随意设置条件，比如货币种类、数额等；各个公式之间可以随意组合使用。

5. 期末结账系统

期末结账系统为期末结算提供向导，具备独立的会计核算功能，能够自动为客户提供结账报表，包含资产负债和所有者权益，具体还可以体现：企业的期末经营业绩，自动核对单据号码是否断续，自动核对期末是否有折旧，自动检查期末汇率调整情况、损益结转与否及结账数据的自动备份。

6. 现金/银行管理系统

现金/银行管理系统可实现多种货币的结算，统一处理货币资金的收付业务，并可实现收支凭证的自动生成、银行的定期核对及对企业票据的管理。该系统预先编制了收付款汇总/明细表、现金/银行记账、未报销票据明细表、银行对账单等。

7. 应收应付账款管理系统

应收应付账款管理系统是企业控制资金流动的重要一环，主要针对应收应付账款业务，指导用户借助已有的各种应收应付单据产生交易凭证。它对企业的信用和降低采购成本起着重要作用。

8. 工资管理系统

工资管理系统主要负责职工工资的核算、发放、代扣个人所得税、费用计提、统计分析等业务，并提供各类工资报表。

9. 固定资产管理系统

固定资产管理系统的工作内容包括固定资产的增减变动核算、固定资产折旧计提和登记固定资产卡片。为企业的固定资产的批量变化提供依据、对大量输入的资料生成变动卡片，并能为企业提供各类固定资产账目及报告。

（三）手工会计核算与信息化会计核算的区别

1. 数据处理的起点不同

在人工操作的情况下，会计核算的起点是原始的记账凭证；在信息化系统中，企业核算的起点是记账凭证、原始凭证或机制凭证。

2. 数据处理方式不同

在人工操作的情况下，各财务人员根据选择的会计工作流程，将各种记账凭证分别录入不同的账册，进行数据的处理；在信息化系统中，计算机可以实现数据之间的操作和归类。

3. 数据存储方式不同

在人工操作的情况下，将财务资料存储于凭证、日记账、明细账等纸质文件中；在信息化系统中，财务数据是储存在一个庞大的数据库中，如有必要，则可随时查询或者打印。

4. 对账方式不同

在人工操作的情况下，会计人员会定期检查总账、日记账和明细账的资料；在信息化系统中，总账子系统利用事先准备好的记账程序，自动准确地完成记账，且同步生成明细和汇总数据，并进行核对。

5. 会计资料的查询统计方式不同

在人工操作的情况下，会计人员要做大量的工作来编写所需的数据统计表；在信息化系统中，财务人员仅靠查询功能就可以迅速地查询统计。

二、财务业务一体化

财务业务一体化是中国金融软件产业发展的必然趋势，是会计电算化发展的必然阶段。它的本质是企业资源计划系统（Enterprise Resource Planning，ERP），也就是说企业信息系统中的各业务模块必须能够将数据传输到财务模块，并实现相应的会计凭证的自动生成，从而使会计工作的效率得到很大的提升，为会计工作节约很多时间，这也是国外 ERP 理论中的一项重要内容。当前，我国金融软件企业 ERP 的变革还在进行中。

在国外，ERP 生产企业已经比较成熟，其业务模式与金融模式之间的联系十分密切，一旦业务模式出现了数据，就会在金融系统中产生相应的财务凭证，而且大多无法调整；数据的调节一定要从业务模块着手。其内容有：①企业内部的金融组织架构；②业务和金融的整合体系；③整合金融服务过程；④采购、库存、应付账款及总账项；⑤应收账款和固定资产的管理等。

三、会计集中核算

会计核算信息化要求对财务进行集中核算，而财务业务架构的核心内容有：

第一，多个企业、多个行业、多个组织。

第二，实时监测企业的财政状况。

第三，实现财务和商业信息的安全和分享。

第四，会计信息的分享和安全性。

第五，科目结构设置与各单位的需求相符合。

第二节　报表合并信息化

一、合并财务报表

合并财务报表是以集团企业为单位制定的官方会计报告，是企业整体财务状况、经营成果和资金流动状况的一种财务报告，是投资者对集团企业做投资决策的主要参考之一。

（一）合并财务报表的主要过程

集团企业合并财务报表是指将母企业和子企业构成的集团作为一个独立的核算单位，在母企业和子企业各自独立的财务报表的基础上，由母企业编制的综合反映集团财务状况、经营效果和现金流量的会计报表。合并报表的流程可分为四大部分：建模、数据收集、对账调整、公布披露。

建模阶段是按照企业的经营特征和信息公开需求来确定报表合并的组织结构，确定报告模板，应抵销的账户，并在此基础上建立合并过程中相应的核算关系；在数据采集的阶段，需要从下往上逐级汇报各级子企业的独立报表，以及满足管理、披露要求的详细资料，这一环节既是影响合并流程的质量与效益的关键环节，也是报表合并过程的关键所在；对账调整阶段主要是对合并报表进行数据核对和人工调节，这个过程中需要有可审核的调节痕迹，是合并报表中控制的重要环节；公布披露是将报表汇总后的结果向内外公布，有需要的用户可以自己查询、打印、分析。

（二）合并财务报表面临的问题

1. 各子企业财务人员水平有限，报表合并标准不统一

集团企业下属不同单位独立编制各自报表，其报表格式、内容、统计口径及抵销规则等不一致，造成财务报表的整合与分析工作的各种困扰。此外，一些子企业财务人员合并财务报表的能力十分有限，导致报表合并标准不统一。

2. 集团合并工作量大，耗时费力

集团企业的规模通常较大，旗下企业数目较多，若有同时在大陆或境外上市的企业，则其财务信息披露的质量和频次都非常高，且必须符合国内和国际双重标准。

3. 传统报表及分析工具的功能有限且难以追溯

财务人员以往都是采用 Excel 格式合并报表，并进行一系列烦琐操作，是一项耗时、耗力的工作。传统的 Excel 都是以文档形式进行数据存储的，导致企业难以进行历史信息的对比和查询。

4. 分析资源利用不合理

由于合并财务报表需要大量人力进行数据整理和报表制作，很多时候不得不借助报表分析人员的力量，报表分析人员用在分析报表上的时间会不足。

（三）财务报表工作目标

1. 规范化

规范集团的会计科目；规范集团兼并与事业部兼并的方式与程

序，以达到企业兼并的自动化；逐步将集团财务作为企业内外财务数据的发布中心。

2. 透明化

通过合并和分享的方式，初步解决集团内部财务信息的“孤立”问题，改善企业财务数据的公开程度；通过运用相同的资料，从多个角度生成不同的决策信息，以适应各类用户的需要；完成对报告资料的检索与挖掘。

3. 全球化

全面推进企业的整体金融业务，加强子企业、合资企业尤其是海外企业的财务管理；满足不断变化的集团股权、法人结构和经营结构的需求，并实现多个标准的整合。

4. 实时化

减少报表合并的期限，增加财务信息的传输和反馈速度，第一时间为管理决策提供准确的财务信息。

二、报表合并系统的功能特点

（一）报表合并系统框架结构

根据集团的合并范围，将报表合并系统拆分成多级框架结构，不仅有最小的基层会计核算主体，还有中间层级的合并主体，以及最高级的集团，即总部层级合并系统。

基层主体的操作活动：首先，从会计系统、ERP 中提取出报表合并需要的所有数据信息；其次，人工录入外部资料及相关辅助资料装载，并进一步核算；最后，将验证无误的报表数据向上一层级合并主体提交。

合并主体的主要工作：审查下属单位的报告和有关资料，调整下级对象的数据资料，审核下级单位的报告资料，执行本级的抵销、币种转换、合并等相关的核算。

总部的主要工作：整体把控下属各级单位的报表数据，对财务信息进一步核实、校验、调整，对下级主体呈交的报表数据进行反复审核，执行总部层级的账目合并、币种转换等内容的核算。

（二）报表合并系统流程

企业使用报表合并系统流程：首先，提供报表数据和所有内部交易的详细资金往来信息；其次，将上层主体对底层主体的调节数据，采用调节分类的方法进行记录；最后，该系统会根据不同的货币、准则，计算出多组不同的报表数据，储存备用。

（三）报表合并软件系统最主要的功能特点

1. 货币兑换

报表合并系统可以对各种货币的汇率进行统一管理。具体来说，主要是对各种货币的历史汇率进行记载，保持当前的终值和平均汇价，以及建立并保持与要转换的币种报表之间的联系。

2. 对账和抵销

对账和抵销的第一步就是建立一种抵销关系，用于反映往来科目及其之间的差异。系统中有一个预设的抵销原则——寻找交易双方的第一个共同父项进行抵销。内部交易抵销模式包括权益类抵销和业务交易类抵销，按照特定类型的用户内部交易设定和维持具体的抵销关系。

此外，报表合并软件系统还有：调整或抵销的分录，持股比例计算，组织关系和投资关系调整，美国会计准则（US GAAP）、国际会计准则（Ms）、中国会计准则和其他本地化的会计准则转换，支持报表的流程管理和审计追踪，支持逐级合并或一步合并的应用，等等。

第三节　全面预算信息化

预算是一种综合性、系统化经营和管理手段。从企业发展角度来看，预算可以合理分配人力、财力、物力等资源，对企业的经营行为进行全面的计划和及时把控，从而实现对企业发展目标达成效果的监控。

一、全面预算管理的成功要素

全面预算管理的成功要素主要涉及以下八个方面：第一，发展目标、业务计划和财务预算的高度融合；第二，完善财务预算的编制制度；第三，保持上下沟通，积极引导、主动交流；第四，建立健全问责机制和评价机制；第五，科学地设计出预算系统，使其能从多个方面进行预算，乃至更加细致、完善；第六，设置预算控制体系；第七，建立动态的预算管理机制；第八，深入分析、研究和追踪预算。

二、全面预算管理的技术难点及解决方案

（一）全面预算管理的技术难题

1. 预算统计耗时较长，不利于精确预算

企业大多是从上一年年底开始收取各部门的预算，一般要持续

到次年年初才能统计完毕，这个过程有点漫长，因此，有可能出现下列问题。

首先，在初步统计的时候，资金支出通常会超出集团的合理限度，而经营支出通常会超出企业的预算限额。

其次，财务部门很难确定每项业务需要分配多少资源，预算调整往往耗时较长，而且达不到预期的结果。预算编制以及差异分析等工作没有信息系统支持，手工操作耗费大量人力，且不能及时发现业务运行中的问题。

最后，由于缺乏信息系统的支撑，在进行成本核算和差异化分析的过程中，人工操作不仅需要大量的人力，而且具有明显的滞后性，无法在经营过程中第一时间发现问题。

每个部门都要为自己的部门提供充足的人力和物力，以保证自身工作的正常开展，而财务部和业务部属于同一级别，如果进行横向协调，就会浪费时间。

2. 市场变化太快，难以实时监控

市场变动如此之快，要想在本年度末准确预测明年年终是不太现实的。这在很大程度上取决于以下几个方面。

预算过程不够灵活：预算工作繁重、低效；没有实现动态、灵活，无法根据情况的改变做出调整。

合作的困难：没有共享数据的统一工作平台，没有高效的协作手段。

缺乏控制力：没有对预算实施进行事先控制的有效方法；分析和调整能力欠缺；真实数据分布较散，难以进行集中采集；由于预算分析耗时太久，无法进行及时的修正。

（二）解决方案：全面预算管理的信息化

以信息化为基础，建立全方位、多维度的综合预算管理系统。

1. 建立符合企业现实的综合预算管理模式

预算管理模式要与财务、计划、销售系统相结合；与采购、生产等这些和预算管理系统有紧密联系的子系统相互协调，并根据企业的实际情况，运用先进的业务过程重构等理论和方法进行全面的信息化预算设计。

2. 建立一个信息环境下的综合预算编制体系

预算编制体系是以预算管理模式为基础的一种相对静态的体系，其作用主要是在年度末拟定次年预算。具体可分为经营预算、投资预算和财务预算三大类。

3. 建立一个基于信息化的综合预算管理控制体系

预算控制体系的内容主要有建立责任中心绩效评价体系、管控和协调预算指标体系、预算对比分析、经理查询。信息化的综合预算管理体系建设应着重强调信息处理量大、处理速度快、数据集中的特点，把工作重心从单纯记录、统计向预测、监控、分析和管理方面转变，真正做到信息流、资金流、交易过程的一体化。

4. 设立一个部门专门负责信息化下的综合预算管理系统

为了使预算管理系统在信息化下起到应有的作用，必须重新调整组织机构的功能，设立一个部门专门负责信息化下的综合预算管理体系，并给予相应的权限，推动执行新的预算管理体制。

三、全面预算管理的信息化

（一）全面预算管理信息化的条件

第一，确立企业的发展定位，要有清晰的发展方向，才能建立起全面的信息化预算管理系统。

第二，加强企业信息化建设，有关的软硬件设施配套齐全，这是企业实施全面的信息化预算管理的技术保证和依据。

第三，基本数据尽量做到准确、全面，历史数据要尽量完整。

第四，建立一种专业化、高效率的预算管理组织职能部门，以及一种经过验证的、科学的管理制度。

第五，企业领导层的带头作用。

（二）全面预算管理信息化的三个基本要求

全面预算管理信息化的实现依靠三个基本要求：一是多维数据，二是广泛接口，三是有效监控。

1. 多维数据——支持多维度的预算编制和分析

预算编制和分析的实质是对企业进行多维度的描述和分析及财务数据的处理，全面预算管理信息化系统就是要采用多维度模式进行数据的储存与处理。

通常情况下，在预算管理的流程中，财务人员最常面对的基础问题有以下几个：今年各地的销售收益是怎样分配的，本年度各月份的实际收益和预算有多大差距，今年某月的预算损益与实际损益相比有多大出入，各大类别的产品今年的销售情况同往年相比有何变化，等等。预算分析的实质是一个多维度的分析，为了适应不断变化的分析需要，全面预算管理信息化系统必须提供多维的数据分析功能，才可满足企业财务预算管理的需求。

2. 广泛接口——避免信息孤岛

预算数据比较分散，除了在财务系统，还分散在 ERP、人力资源等多个系统中，靠传统方式来收集这些数据需要花费大量的人工时间，因此，预算管理信息化系统应具备能够集成各种系统中数据的接口工具。

3. 有效监控——实现预算管理全程动态控制

依据预算资料，随时监测企业实际各项开支和费用支付情况。支持以工作流程为基础的电子审批。通过与预算和核算系统相结合，为管理者提供直观的、准确的重要数据，能实时显示预算的主要指标和具体指标的执行状况，还能根据特征指数，获取详细的业务、财务数据。

第四节　成本管理信息化

一、成本管理的目的及内容

（一）成本管理的目的

传统的成本管理，主要是根据企业的节约程度，从减少成本到尽量避免某些费用的支出，注重开源节流。传统成本管理的目标可以概括为降低成本、减少开支。

相对于传统的管理理念，现代企业在成本管理上有了新的转变。在企业的成本管理活动中，要以成本效益理念为主导，通过对一定时期内投入和产出的比较，来分析“投入”的必要性和合理性，尽量以最小的成本，获得最大的收益。现代企业的成本管理目标主要是通过提高投入和产出效率来实现的。

在现代市场经济条件下，企业在进行日常成本管理时，应当将产出与投入相比较，分析成本投入多少与产出多少之间的关系，从而得到使企业效益最大化的成本预测和决策方案。

（二）成本管理的内容

先进的成本管理打破了过去仅关注产品物料成本的单一管理模式，强调对产品成本、质量成本等各个环节进行全面的成本分析和控制。

成本管理的范围从企业的价值链一直向前延伸到市场、销售和研发，向后延伸到售后服务。涉及营销成本、物流成本、研发成本、售后成本等。现如今企业越来越重视物质性成本，如人力资源成本、产权成本等。

总的来说，成本管理涉及企业各个领域，如产品生产成本、质量成本、效率成本、资金占用成本、采购成本、销售或客户成本、风险成本、人力资源成本、环保成本、安全成本等。企业运用成本管理所提供的成本信息，如产品成本、市场营销成本等，可以对产品利润进行分析，并对产品组合进行决策；利用成本信息进行营销活动的价格决策；在生产过程中，利用成本信息进行自我管理和业务外包。

企业的成本管理过程可以分成两大类：成本核算和成本控制。成本核算是企业成本管理的基础，如果不能掌握正确的成本核算信息，就无法进行成本管理；成本控制以增加生产效益为目标。

（三）成本管理方法

1. 价值链分析法

价值链分析法是一种把价值链从原料到终端顾客的过程划分为不同的业务活动，以理解企业生产过程中的成本特征和产生差异的原因。

2. 目标成本法

目标成本法是企业在进行新产品开发或提供新业务时的首选方

法。其目标是确保在整个生命周期内，使产品和服务具有竞争力，从而实现预期的收益。这种方法有时还涉及已有产品或服务的成本降低目标。

3. 产品周期成本法

产品周期成本法是指一种产品、品牌或服务自其研发开始直至退出市场的全过程中的全部投入费用及利润状况。

4. 成本动因分析法

成本动因分析法是一种系统化的方法，可以对影响生产成本的各种因素进行排序。这种方法在各种成本管理中都能得到应用。

5. 对象成本法

对象成本法主要是以工作表（或过程表）为基础，对各个“成本对象”（如品牌、产品、客户）进行计算的方法。

6. 作业成本管理法

作业成本管理法是一种新型的管理方式，对企业进行内部改善和评价具有十分重要的意义。该方法采用了基于作业成本法的成本信息，对整个过程进行了系统化、动态化、预见性成本管理。作业成本管理是将管理的重点向作业层面延伸，包含作业管理、分析与改进。

二、成本核算信息化

（一）成本核算为什么要信息化

在传统的人工经管模式中，由于各种因素的制约，使各生产环节难以达到最优化的控制。同时，生产的自动化和产品的多样化，导致传统的人工成本核算方式难以适应现代企业的经营管理要求。

现代成本管理要求具有一个综合性集成化体系，能够监管、协调、规划和管理企业的所有成本投入，使所有的业务活动都能以市场为导向。ERP 不仅为企业提供完整的物流解决方案，对企业的整体生产过程进行监控和优化，还具有很强的成本控制能力和丰富的分析能力。

推行成本管理的信息化，既是中国企业紧跟时代步伐、走向国际市场的必然趋势，也是打破其传统管理模式，向信息化管理迈进的必经之路，还是中国企业提高网络运营水平和整体竞争力的迫切需要。

（二）成本核算信息化的主要内容

1. 成本中心核算

成本核算信息化要能够进行成本预算、标准成本和实际成本的比较，出具成本报表和相关分析，相关成本的发生情况都要记录在成本中心分别核算，并将相关的数据实时或定期地发送给成本管理单元和利润分析单元。成本中心核算的特点具体如下。

（1）管理会计模块接受其基础的账目数据资料和总分类的科目记账。同时，会计凭证上的账户规定也扩展到了各个附属账户。比如，账户可以分配到已建立的费用中心，或者分配到某一个任务，当一次分配多个目标账户时，管理会计模块将利用核对规则保证仅有一个对成本费用有影响的对象进行核算，而其他的则用于进行统计。

（2）不仅可以记录、核算初级成本，还可以记录其他一些条目性质，如数量、时间、单位等。

（3）通过外部会计系统，借助数据接口可以将记账业务流程和初级成本要素全部传送到管理会计模块。

（4）成本中心核算可以实现一个数据组包含全部项目层上关

于管理会计的资料。无论是总分类账还是明细分类账，都可以单独地保存数据资料。在存储周期中，通过管理会计模块的信息系统，可以从财务模块中提取原始凭证。

2. 订单和项目成本核算

成本管理系统可以实现对订单和项目成本的收集与计算，需要整条供应链中上下游各个环节进行协作。该系统收集和过滤成本信息，并通过预估与实际情况的比较，帮助监测订单和项目。另外，该系统还为企业的经营管理提供了多种成本计算和成本分析的备选方案。

生产成本管理是企业针对其自身生产和操作流程的一种功能。特别是在生产企业中，成本核算方法是基于系统模块中基本的数据和流程来确定的。一般来说，成本对象有：

第一，物料、加工订单、成本对象层次结构。

第二，物料、进程计划表、成本对象层次结构。

第三，物料、生产订单。

第四，销售订单、生产订单。

第五，方案、网络、订单。

3. 产品成本核算

该系统具有成本核算和成本分摊功能，同时也包含相关的物流和技术数据的采集，以及对个别产品和服务的分析。同时，通过对成本结构、成本要素和生产经营过程的监测，对单一目标或整个阶段进行成本预测。通过对价值或数量的成本模拟估算，可以对企业的经营流程进行优化。可以把生产成本核算定义为某一个产品的成本核算，产品可以是实物或看不见的服务。生产成本核算目标有以下几种。

第一，明确产品的制造成本和销售成本。

第二，通过比较成本核算进一步优化产品的制造成本。

第三，确定产品的定价基础。

第四，为存货评估提供产品的制造成本核算。

第五，提供成本对象控制中的差异核算。

第六，边际会计收益（与获利能力分析集成）。

4. 成本收益分析

该系统可以解决某些问题，比如什么类型的产品或者市场会带来最大的利益，某个订单的成本和利润比例是多少等。借助本模块对上述问题进行分析及提供第一手市场信息，其他模块如市场、营销、产品管理、策略运营规划等纷纷进行更加深层、具体的分析，从而使企业能够对当前的市场状况做出判断，明确自身定位，评估市场潜力。

5. 利润中心会计

该系统为需要对其策略运营进行经常性盈利分析的企业提供了一套解决方案，利用会计技术收集各种业务活动成本、运营成本和结果分析等数据，从而决定每个业务区域的收益率。

6. 执行信息系统

企业管理者在决策过程中依据的数据信息的质量，在很大程度上依赖资料搜集系统的能力。执行信息系统拥有自己的数据库，可以从各个部门搜集成本信息，并对其进行处理，以便为企业制定各种决策提供依据。

7. 标准成本

该系统主要是评估现有存货的标准成本，这在特定的规划时期中都是适用的。它只决定产品生产和销售的计划成本，而不考虑顾客的购买时间和购买次数。

在估算标准成本时，直接材料的成本是根据投入的数量来计算的。直接材料的费用是按相应的规划价格和计划数量估算的。再把材料制造的管理成本作为附加的成本。生产成本的计算是按照在成本计划周期中的作业种类和对应的价格来进行的。

基于这一点，必须制定所有计划的产品数目，这一般是通过一种工作流程来实现的。如果确定了生产的间接成本不包含在产品价格中，就可以将其作为生产成本中的附加费用。管理和运输保险产生的费用与生产的规划成本有关，并以所占计划手续费百分比的形式呈现出来。

三、成本控制信息化

成本核算的最终目的是进行有效的成本分析和成本控制，从而为企业节约资源、提高效益。成本控制信息化主要涉及以下内容。

（一）流程化的成本控制

由于缺少信息化支持，流程化生产过程中的成本控制标准与控制流程之间存在一定的脱节，无法随时获得控制标准和具体实施之间的不一致的资料。成本管理的主要难点如下。

第一，没有建立实时、同步的数据共享成本管理平台。

第二，没有有效的流程管理工具。

第三，控制标准、定额、预算缺乏有效的载体。

第四，整个控制过程均由人工操作，效率不高。

第五，对形成的成本执行结果没有科学的分析监控工具。

（二）成本控制协同工作平台

第一，基于 Web 的全面的成本和费用控制解决方案，能够实现随时随地访问系统。

第二，建立落实到员工层面的成本控制平台。

第三，不用刻意维护的客户端，软件的升级和更新不会影响客户端。

第四，用户在自己熟悉的界面上操作，学习和使用都很轻松。

（三）成本控制的具体需求

第一，实现事前实时控制成本支出。

第二，从多维度进行成本控制，如按照部门、核算科目、费用类别、预算周期、费用标准等要素进行控制。

第三，可以根据预算类别实行灵活控制，有的需要严格按照标准执行；有的在说明原因的前提下，可以适当超预算执行。

第四，可以根据需要设置预算是按费用小类编制，还是按费用大类控制。

第五，根据费用性质、金额大小等灵活设置审批流程。

（四）成本控制的思路

成本控制系统是在经营活动发生之前，将预算控制与日常审批相结合并对其进行审批，这便实现了对经营活动的事前控制。在审批过程中，企业活动的发起者和批准者可以实时地了解项目的预算情况，并根据这些信息来判断是否有可能进行生产活动。

（五）预算控制方案

该系统可以定制各种在预算控制过程中需要的单据、功能和流程，支持按科目、多级设置审批机关、审核报告额度、超支比例及超支后的控制方式。同时，使用者也可以随意增加对预算的控制，从而实现对预算实施情况的弹性控制。该系统可以为每项成本的申请提供一个独立的控制逻辑和控制过程。

批准过程不是固定不变的，而是可以根据企业具体的业务活动自由定义，具体从企业组织结构、科目类别等方面对审批过程进行界定；也可以设定多人审核方式，当首要审批人由于某种原因而不具备审核条件时由其他审批人代审。

通过这一功能，可以实现从集团到分企业，对各种业务类别和不同科目等在不同层级的预算控制。不同层级的控制程序、审批级次和审批限额都是不同的，这样可以更好地促进资金支付与预算控制的分层管理。该系统可以设定预算控制、审批方式，包括具体的签字方式、审批期限、是否更新日期及超支如何控制等相关信息。

四、作业成本管理的信息化

作业成本法（Activity Based Costing，ABC）是一种先进的成本核算和控制方法，目前，ABC 的应用已遍及世界各国的各个领域。ABC 是一种高效的成本管理方法，可以对企业成本形成的过程进行深刻的剖析，并能反映出企业所耗费的人力、物力等资源，对无效或低效的作业要及时控制。

作业成本管理（Activity Based Costing Management，ABCM）是一种以作业成本法为基础，以增加客户价值、提升企业利润为目标的一种新的集中经营方式。ABCM 通过确认、审计作业及作业成本，最终实现产品成本的核算，并将成本核算深入操作层面，进而分析整个成本链。它包含动因分析、作业分析等，能够为企业的决策提供精确的信息参考，并引导企业进行有效的作业，减少无效或者效率低下的作业，这样才能减少生产成本，提高生产效率。

ABCM 应用软件是一种信息管理系统，是以作业成本管理为基础，处理庞大且复杂的数据信息。这一系统最显著的特征是根据作业成本管理思想，对企业的资源、动机、作业进行分析，然后对整个流程产生的各种费用进行归纳总结，并将结果及时汇报。

ABCM 系统既可以单独执行，又可以与已有的管理模块协同使用。例如，当用户已经全面实施了 ERP，那么 ABCM 软件将作为补充，以子模块的身份嵌入 ERP，这样可以使整个成本管理系统的功能更加完善。当然，无论 ABCM 软件具体如何实施，它都要满足企业对作业成本的控制，而且还辐射出一些子模块，方便用户进行整体上的把控和系统化的管理。

以 ABC 为基础的精细化成本核算系统分为基础数据、成本计算和成本分析三大部分。其中，基础数据包括系统基本配置、业务设定、企业各项业务和 ABC 模型的对应设置等；成本计算涉及数据采集、作业计算、成本标的计算、成本过程的计算查询等；成本分析主要包括成本和作业过程分析、成本规划和查询等，支持分层、分步骤地分析和查询。

基于企业特定的业务情况，可以定义基本的数据，包括设置活动、设置作业、设置作业中心和作业库、设置产品分类和成本等。按照 ABC 的基本原则，设置成本、科目和活动信息，资源，动机，成本标的等。建立 ABC 模型的前提是建立业务数据和 ABC 数据。

ABC 模式可以根据企业各项业务的基本数据与 ABC 基本数据之间的对应关系进行设定。ABC 模式的建立实质上是通过 ABC 的方式实现业务流程与数据的表达，包含科目—资源关系、科目—活动关系、资源—活动关系、作业—资源关系、作业—资源—活动关系等，配置完成后，系统还可以进行设置检查。该系统能够针对不同的业务环境设定与之相适应的模式。

ABC 的成本控制系统必须与业务系统相结合，因此 ABC 的数据采集与数据接口十分灵活、便捷。该系统采集的数据资料有的是从企业的信息系统中调取，有的是依靠人工录入。该软件可以直接与企业的业务系统进行数据转换，也可以采用输入输出的方法，对业务系统进行控制。该系统能够与 ERP 中的财务、库存、生产模块进行自动对接，获取成本分析与成本核算所需的相关资料。

在此基础上，利用 ABC 模型及数据的收集，实现成本核算的功能。需要注意的是，此处的成本核算与传统的成本核算有很大区别，因为它能够为企业提供流程费用；可以对作业成本和成本标的费用进行核算，并能依据企业的实际情况，对其进行多维成本核算。另外，该系统还提供了一个交互配置的辅助部门成本模型。

同时，该系统还能对成本进行分析、查询，如产品成本查询、项目成本查询、成本趋势分析等，成本规划、利润分析、沉淀成本的查询与分析，闲置资源成本的查询与分析，不需要使用操作费用的查询与分析。此外，系统还针对成本的特定情况进行报价分析和决策。

该系统支持多种角度的弹性分析，能从产品类型、订单顺序、客户群体、作业程序、成本中心等多个角度随意组合进行查询与分析。

由于作业成本体系将成本计算细化到了每个生产环节，所以能够提供每道生产工序的成本结构信息，从而使系统能够根据工艺路线查询、分析产品成本结构的变动。通过对成本数据的历史分析，对新产品、新订单等成本目标进行预估，为企业即将上线的新产品和新项目的价格制定提供依据。

第三章　市场营销与财务管理

财务与营销是可以相互结合的，只有将它们进行有效结合，才能更有利于企业财务目标的实现。基于这一点，首先，我们将市场营销与财务管理的结合分两方面展开；其次，分别探究市场营销与财务管理之间的相互影响。

第一节　市场营销对财务管理的影响

一、营销策略对财务决策的影响

（一）整合生产率的影响

本书论及的生产率不仅包括企业在生产产品、提供劳务过程中的生产效率，还包括企业产品的输出渠道是否顺畅、分销设施是否完善、分销商是否得力等方面。

整合生产率，使企业内外部的生产更有效率，将绩效低下的产品、输出渠道、分销设施、分销商剔除掉，同时，增加新的输出渠道、分销设施、分销商，比如某些企业运用电子数据交换（EDI）处理订货、运送，并在某些情况下出具电子发票。这些做法的有效实施，不仅对本企业有利，也极大地方便了企业的客户，增加了客户的满意度。例如，客户原计划所需的产品一周才能到达，现在只需 2 ~3 天，结果不仅使客户满意留住了现有客户，还会增加新的客户，销售自然也增加了。当然，整合生产率不是一朝一夕能够完成的，就是一些已经有几十年发展历史的老字号企业也整合得不尽如人意。那么，如何才能很好地整合生产率呢？

我们认为，在整合生产率、提高营销效率的计划中，必须考虑财务的影响，比如，计划新增一条销售渠道，要充分考虑此渠道能给企业带来多少财务利益，以及为此而牺牲的财务利益，结果是否合算。要做到这一点，其实并不容易，需要做大量的工作。像事前充分的论证、考察工作必不可少，如果新增销售渠道后，效果不明显，则应该立即考虑其存在的意义，并尽快做出决策，以免遭受更大的财务损失。

通过整合生产率不但可以改善输出渠道、分销设施、分销商，提高营销效率，使企业快捷地将产品推向市场，适销对路，而且能够增加产品的销量、提高销售收入，使企业增加更多的财务资源，将增加的一部分财务资源再次用于整合生产率，又会再次提高销售收入，增加企业更多的财务资源。这样循环往复，形成一种良性循环，既提高了企业的营销效率，又增加了企业的财务资源。

（二）市场渗透的影响

市场渗透是企业提高现有产品在市场上的占有率，增加企业现有产品的市场份额，可以鼓励现有客户增加使用某一产品的使用频率或每次使用量，也可以增加新的客户群或吸收竞争对手的客户。市场渗透是一种策略，企业通过这一策略寻求市场份额扩张，相比开发新产品，所承受的财务风险要低得多。不同的企业，在市场渗透方面有不同的方法，但是不外乎以下两种：①提供价格折扣，这些折扣利益可能流向中间商，也可能流向最终用户；②大量的促销攻势，比如广告促销等。通过这些手段，可能会增加企业产品的销量，增加销售收入，但这些措施都是要付出代价的，即损失企业财务利益，如果企业能够充分注意到这一点，那么，企业的决策者在进行决策时，就会明智得多。

市场渗透的成功与否，不在于你能否增加市场份额，而在于通过实施一系列促进现有产品的市场份额的举措时，企业的财务利益有无增加，如果减少了则得不偿失。这样的例子很多，由于支付了大量的广告费用，损耗了企业大量的财务资源，财务利益遭到了极大的损害，导致无力投资新的生产线，不得不通过降低质量来减少成本，企图瞒骗消费者，最终的结果自然是被市场所淘汰。市场渗透的实施，必须考虑对企业财务决策的影响，要精打细算，这样才能做到既不损害企业财务利益，又有效渗透产品市场。目前，我国很多企业实力有限，经不起大的风浪，做决策时更要谨慎，否则可能会处于危险境地。

二、多元化经营对财务管理的影响

多元化经营是企业在原有产品的基础上，研发出新的产品并将其打入旧的市场或者新的市场，这种产品可能与企业原有产品属于同一种类，也可能属于不同种类，或者属于企业非核心业务产品。多元化经营所冒的风险要比市场渗透大得多，因为新产品的推出，需要一个适应的过程，顾客可能接受该产品，也可能不接受该产品。若不接受，可能对企业有限的财务资源形成致命的打击。然而，没有哪个企业的决策者不想将企业做大做强，而多元化经营则是一个非常有效的途径，也是企业立于不败之地的法宝之一。20 世纪后期涌现的大量的购并和组织扩张，冒险进入全新的领域，其中有成功的典范，但更多的是以失败告终。

企业进行多元化经营，本身无可厚非，但是一定要充分考虑多元化经营对企业财务战略的影响，充分分析新产品不被市场所接受而给企业带来的财务压力。虽然，有时企业可能会失去一些机会，但更多的则是维护了有限的财务资源，为以后健康、稳定地发展打下坚实的基础。

（一）市场开发的影响

市场开发是指企业向新的市场推广现有的产品。企业通过深入市场开发，取得了巨额的利润。市场开发无论成功与否，都会占用企业相当一部分的财务资源，若开发成功了，则可能会在今后成倍地收回付出的财务资源；若开发失败了，则可能会血本无归。因此，企业在进行市场开发时，要经过缜密的分析研究，充分考虑对本企业财务资源的影响。当前，我国的企业整体实力同国外相比，并不是很强，需要进行市场开发以增强实力，但需要充分考虑对财务的影响，企业现有的财务资源能否经受住变动；如果开发失败了，怎样弥补财务损失，又如何将财务风险降到最低。只有充分考虑到对财务的影响，企业才能做到有的放矢。

（二）分销渠道的影响

在现代经济生活中，许多企业是通过中间机构，如经销商、代理商、辅助商，将产品出售给终端消费者的，当然也有一些企业将产品直接销售给终端消费者，如戴尔企业。

不同行业的企业，或者是同一行业的企业，他们的分销渠道是不一样的，选择不同的分销渠道，将会对企业产品的销售产生重大的影响，进而影响企业有限的财务资源。

有些企业将分销渠道定得很长，虽然销售顺畅了，但是经过一层一层的渠道，企业产品利润会被稀释，造成销售越多利润反而越低的现象；还有一些企业采用直销或者销售渠道很短，这样看似节省了成本，实则销售量不能令企业满意，净增利润反而下降了。这种矛盾令许多企业头疼，要解决这种矛盾，非常有效的手段就是将分销渠道的选择与财务结合起来，企业可以通过实际操作，找出最适合本企业的分销渠道，以获取最大的财务利益为目标。

当企业处于激烈的市场竞争中时，为了保持现有的市场地位，企业需要投入大量的营销费用。如果企业奉行的是保守型政策，储备了较大的财务灵活性和债务融资能力，就能够应付大量资金需求的压力，帮助企业在激烈的竞争中获得优势；如果企业奉行的是财务保守型政策，甚至企业自身就可以掀起本行业的竞争浪潮，就会迫使竞争对手加大营销费用的支出，拖垮对手，迫使对手放弃该类产品市场。比如有些企业始终奉行保守型财务政策，负债率很低，保留着较多的现金储备，不断进行广告轰炸、价格战，最终将竞争对手一个个地淘汰出局，自己逐渐成长为本行业的龙头老大。当然，并不是说奉行适中型或者激进型财务政策不好，关键在于不同的企业在采取不同的财务政策时，财务承受能力是否影响营销决策，到了关键时刻，能否支持企业的营销决策的制定与落实。

（三）流动资产管理的影响

流动资产管理包括现金管理、应收账款管理、存货管理等，本书所指的现金是广义的概念，包括现金、可以随时变现的短期有价证券和银行存款等。现金管理包括三个组成部分：①日常交易管理，比如支付供应商的货款、企业员工的工资和奖金等；②预防突发事件所需的现金需求，比如产品赔偿责任、法律诉讼失败所需的赔偿金等；③投机的需求，比如有好的投资项目，需要使用现金。对于企业而言，现金过多、过少都不好，过多是一种浪费，过少则会带来麻烦。现金管理要求企业尽可能地做到流入流出同步，最大可能地避免由于在短期内拆借现金而支付高昂的利息，现金管理与营销决策的相关之处在于，营销人员需要理解企业短期现金流的特征，避免营销项目频繁地短期变动。这种频繁变动，不仅会对企业整体营销造成一定的影响，也会加大企业短期资金需求，增加资金成本，尽可能配合现金管理工作，使企业短期融资需求最小化。

比如，某房地产企业，在某园区盲目建设了大量商品房，为此在短期内拆借了大量的现金，使现金流转极不平衡，虽然该企业使用了各种各样的营销手段企图收回投入的大量现金，但是结果不甚理想，导致该企业不仅要在短期内支付大量的利息，而且对整个营销的实施造成了严重的不良影响，企业价值遭到极大破坏，这是一个由于现金管理不当对企业营销造成巨大影响的有力例证，我们的企业应该充分考虑现金管理的重要性，以及其对营销战略的影响。

应收账款管理需要考虑的是信用管理问题，即针对不同的客户提供不同的信用政策、信用额度、信用期限，及时建立一套监控和收款系统，及时收回货款。给客户提供信用是需要花费高昂成本的，因为客户无偿使用着企业的资源，占据着企业的资金。如果客户滥用信用工具，就会使企业发生财务损失。对应收账款的管理，意味着不可能无限制地赊销产品，因此，需要营销决策人员配合好财务工作者制定一整套切实可行的信用政策，既不影响企业的营销，又能实现企业财务利益最大化的目标，这需要营销人员适时改变营销决策，以达到以上目标。

然而，遗憾的是，在实践中，很多企业的营销人员只注重业务量，追逐眼前的每个所谓的“机会”，往往轻易地提供赊销，给客户什么样的信用条件，常由营销人员凭经验或个人关系决定，财务部门无权参与发表意见。当然，我们并不是鼓吹企业进行现金交易，因为在市场经济条件下，特别是在买方市场情况下，为了保住企业产品的市场份额，扩大市场占有率，常常将赊销作为促销手段，通过增加销售量来获取更多的经济利益，这本身无可厚非，但是应该有一个科学合理的界定，需要加强财务人员的参与，加强对应收账款的管理，使营销决策在一个正确的轨道上运转。存货包括原材料、半成品和产成品等，企业持有存货，可以在采购中获得规模效应，减少采购支出，保持生产过程的连续顺畅，应对市场突然的需求增长，企业不可能无限地持有存货，因为这是需要花费成本的。对存货进行管理，需要找到二者最佳的结合点。由于客户易受很多因素影响，比如竞争对手的变化、天气因素、客观经济形势等，使客户需求变化很快，这就需要企业有相应的存货管理，既适应这种变化，也为企业营销工作做贡献。如果企业存货管理工作不到位，企业就不可能对市场变化、客户需求的改变做出快速反应，从而影响营销决策的落实。比如，如果企业采购成本比同类企业低，客户就可以在日后的销售中针对市场的变化、客户需求的不同，采取不同的营销方法，从而为营销工作赢得主动。流动资产管理是影响企业营销决策的主要因素，也是支持营销的主要功能。

（四）固定资产管理的影响

固定资产包括厂房、机器设备、运输工具等，特别是对于生产型企业而言，固定资产就是企业的生产工具，财务人员关注固定资产的主要目的在于固定资产的投入带来的收益是否大于为它付出的成本。企业生产产品的外观特征，比如体积、重量、色泽以及质量等，直接受到其所使用的机器、设备等固定资产的影响。企业进行营销的主要目的之一是提高顾客的满意度，进而增加顾客的附加价值和企业的整体价值，这就需要企业的产品能够充分满足顾客的期望，甚至超出顾客的期望。对固定资产进行管理，根据企业发展的需要，适时引进或者自行开发固定资产，比如先进的机器设备、搬运原料和产成品的运输工具等，最大限度提高这些固定资产的利用效率，淘汰不能给企业带来效益的固定资产，通过对固定资产的有效管理，必将对企业营销决策产生积极作用。

（五）长期投资决策的影响

投资是任何企业都经常面对的，不同的管理者对待投资的态度是不同的，有的管理者喜欢投资不同的领域，甚至自己不熟悉的领域；也有的企业专注于自己的核心业务，不断提高核心竞争力。投资是需要成本的，投资的目的是获得收益，从而弥补成本，并且有所剩余；投资也是有风险的，万一投资失败，可能连成本也收不回来。投资也是一个复杂的过程，需要财务部门与企业最高管理层共同研究。对于生产型企业而言，如果投资核心业务，增加核心能力，不断改进产品工艺、质量等，就能够为营销创造良好的条件，提高营销成果；如果企业投资不熟悉的领域，一方面花费了企业大量的资源，另一方面存在很大的风险，对营销的影响也是很大的，比如需要重新制定营销决策、重新认识市场、面对新的竞争对手与新的挑战等。

第二节　财务管理与市场营销相结合

一、摒弃“中心论”观点

财务管理学界与市场营销学界对企业管理以谁为中心存在很大的分歧，一些财务管理学者认为，企业管理以财务管理为中心；而一些市场营销学者则认为，企业管理以市场营销为中心。双方各持己见，互不相让。一个企业到底以什么为中心，不能一概而论，要具体、辩证地看待，不能武断地认为，谁应该是“中心”，谁不是“中心”。因为财务管理、市场营销管理、生产管理、质量管理、人力资源管理等都有其各自的重要性，不能无视企业的具体情况而妄自评价各自的重要性，为了避免各部门相互攀比，企业最高管理层应该在舆论宣传上淡化企业管理中心论，不强调以财务管理或营销管理为中心，但这并非排斥执行某种“中心”管理，而是由企业最高管理层将企业管理的中心贯彻到经营管理中。企业最高管理层在“中心”问题上要随机应变，贯彻权变思想。

结合企业生命周期理论，考虑各个周期的特点与要求，协调财务与营销。在企业的创业期，企业的目标是能够在激烈的市场竞争中生存下来，营销管理的基本目标是尽量提高产品的知名度，扩大市场占有率，尽快在市场上站稳脚跟。企业在刚刚成立时，资金有限。此时企业应以低利润实现高销售，从而使企业尽快成长，应该使财务目标服从营销目标，以营销为中心。企业在成长期时，已经有了比较稳定的客户，供应渠道也已经顺畅，市场占有率稳定增长。此时，企业应该让销售额稳定增长，提高企业获利能力，树立企业良好的形象。既要追求市场份额的提高、销售的增长，还要追求利润，以适当的利润率、高速度的销售增长和市场份额提高为目标，即应该以市场营销为中心。企业在成熟期时，产品销售渠道、销售数量已达到最高峰。此时，企业应注重与各利益关系者的协调，尽可能拉长成熟期，推迟衰退期的到来，最大限度提高企业获取的利润，即应该以财务为中心。企业在衰退期时，产品的销售渠道变窄、销售量下降，企业形象受到冲击。此时，应该以财务管理为中心，尽可能保护企业的财务利益，为适时退出做好准备。

二、财务职能与营销职能的互化

传统的财务围绕企业资金的筹措、运用和分配以及财务信息的生成与提供，注重企业的资金运动和价值管理；营销则主要围绕市场，对市场机会的分析、市场营销决策和战术的制定，市场营销活动的实施与控制，注重市场营销活动及需求管理。然而，在现代社会，经济高度发达，各行各业联系日趋紧密，如果仍然割裂财务与营销，将它们视为两种互不相关的管理职能，企业则无法在日益激烈的市场竞争中生存发展。适时地将二者职能互化，做到“我中有你，你中有我”，将会对企业价值实现最大化起到极大的推动作用。

当然，财务职能与营销职能并不是在任何条件下都可以相互转化的，只有在特定条件下，从一定角度来看，才可以互化，这时，财务就是营销，营销就是财务。站在财务的立场上，营销可以被看作财务的一种方法和手段，营销就是一种财务活动。财务的根本目的就是通过筹集资金，使用资金和进行投资，实现资金的保值增值。它讲究资金的使用效率，为实现企业价值最大化做贡献。从财务的角度出发，企业进行营销活动，设置营销部门，配备营销人员，投入大量的营销费用，目的就是达到资金的保值增值，实现企业价值最大化的财务目标。这样，营销就可以被看作财务部门筹集资金的一种渠道和资金使用的一个领域。

站在营销的立场上，财务可以被看成营销的后勤保障和手段，财务是营销必不可少的一部分。企业开展营销活动，需要大量的资金，营销活动的起点是营销费用的计划、筹集和使用，需要财务的支持，企业的财务活动是营销活动的手段和工具，从这个意义上讲，为了企业营销活动的顺利开展进行的有关财务活动，都是营销活动必不可少的一部分。

实现财务职能与营销职能的互化，是可以做到的。在企业实际日常运行中，从营销的角度来看，有些财务活动属于营销活动。比如，企业销售产品后，需要办理货款结算，这是营销活动的两个方面，在实际工作中，销售货款的结算往往由财务部门完成，这种财务活动实际上是营销活动的继续。再如，一些企业通过良好的财务运转，使资金运作正常，到期能偿还贷款，缴纳税款及时，对外公布的财务报表漂亮，这些都将为企业赢得社会的认可，可以使企业更好地与银行、金融机构、工商、税务、相关企业等合作，这种良性循环，有助于提升企业的社会形象，为实现企业价值最大化目标服务。这些财务活动实际上就是“财务市场营销”。

那么，如何才能实现财务职能和营销职能的互化呢？可从以下几个方面入手。

（一）正确对待财务与营销的相互关系

财务与营销毕竟是企业两种不同的活动，对两者的关系应该全面、客观地看待，在具体的企业里做具体分析，不能以一种固定的模式来对待两者，具体问题具体分析，在不同的时期，针对不同的问题，正确处理两者的关系，辩证地看待财务与营销，这是处理两者关系的关键，也是融洽财务与营销关系的基础。

（二）使财务部门和营销部门的地位平等

财务与营销作为企业两个非常重要的职能部门，不仅要与其他部门配合，两者之间地位也要平等。各部门之间相互配合、协调，尽可能地避免和减少冲突与摩擦，可以根据实际情况灵活把握两者，如果财务部门和营销部门发生了冲突和分歧，要及时处理，不能偏袒某一方；否则，会使企业产生内耗，破坏企业价值最大化的实现。如果遇到冲突和摩擦，就采取折中的方法进行处理，当然前提必须保证两者的地位平等。

（三）任命复合型人才担任财务部门与营销部门的负责人

实践证明，财务部门与营销部门的负责人，如果只懂得本专业，只强调自身部门的重要性，那么是会缺乏全局意识，造成部门之间矛盾和冲突的。如果加强培训，让双方学习对方的专业知识，则会有利于加强双方的沟通和理解，减少误解和摩擦。当然，财务人员和营销人员尤其需要这方面的培训。

（四）在分配、业绩考核和表彰奖励等方面做到公平、公正、公开

比如，企业产品销售很好，并不只是营销部门人员的功劳，不能忽视其他部门的贡献，只有做到公平、公正、公开，才能调动包括财务部门在内的企业所有部门人员的工作积极性，为企业健康发展打下良好的基础。

（五）加强业务交流促进合作

企业的任何一个职能部门都是企业不可分割的一部分，最有效的管理是促进各职能部门的合作，对于财务部门和营销部门更是如此。

我们的企业在招聘员工时，可以选择有财务背景的营销人员和有营销背景的财务人员，因为复合型人才更有全局观念，容易理解和支持对方的业务，为双方合作打下良好的基础。比如财务人员和营销人员要定期举行座谈，加强双方的交流，相互向对方传达信息，比如市场营销动态、财务报表信息等。多了解对方的工作性质、工作范围，将有利于双方的理解，减少双方的摩擦和冲突。

三、财务理论和营销理论的互鉴

财务属于财务和会计学科，主要研究资金运动的管理和财务信息的生成与披露，性质是价值管理；营销则属于市场营销学，是一门建立在经济学、行为科学和现代管理理论基础上的应用科学，主要研究以满足消费者需求为中心的企业经营活动及其管理过程的规律，以及这些规律在企业中的应用问题，性质属于需求管理，具有综合性的特点，是现代企业经营管理决策的重要组成部分。此两种不同的理论，是可以互相借鉴的，比如，市场营销计划与预算是企业财务部门制定企业财务计划、财务预算尤其是全面预算的基础和出发点，企业在制定财务计划和财务预算时，应当以销售预算为起点；市场营销计划和预算也不是凭空想象的，是受企业现有财务资源制约的，需要运用一系列的财务数据来帮助制定科学的计划和预算。虽然，从表面上看，制定营销计划、预算和财务计划、预算分属营销部门和财务部门的工作，需要各自不同的理论方法，但是由于二者不是独立的，存在着千丝万缕的联系。因此，二者可以相互借鉴，也需要相互协调。再如，财务的理论和方法对从事营销活动有帮助，营销学思想和方法对指导财务工作同样有积极的借鉴意义。

实际上，已经有很多营销管理工作采纳了财务理论和方法。市场营销学中大量采用的财务方法，比如目标利润定价法、变动成本定价法等成本定价策略，现金折扣、商业折扣、信用期限策略等财务导向助销策略，以及营销控制中的盈利能力分析方法等，都是财务理论和方法的应用，营销人员应该掌握这些方法，这样可以提高营销效率，改进营销策略和方法，提高实践和理论水平；同样，财务人员应用市场营销理论和方法，也有助于提高财务管理水平，尤其有助于提高企业财务人员正确处理与财政、税务、银行、工商、审计等企业外部各有关管理部门的公共关系，以及协调企业内部之间的相互关系。

总之，在实际工作中，财务理论和营销理论是可以相互借鉴的，在企业中，需要加强财务人员和营销人员对对方理论的学习，为提高整个企业管理水平服务，从而为实现企业价值最大化目标做贡献。

财务与营销是企业非常重要的两个职能，处理好它们之间的关系对企业非常重要，尤其是在当今社会，企业之间的竞争日趋激烈，我们国内的企业不仅面临国内同行的挑战，更有国外同行的竞争，如何提高企业自身的实力，赢得生存，赢得发展，实现企业价值最大化目标，是需要思考的问题。在理论界，有各种各样的理论著作；在企业界，也有这样或那样的宝贵经验。我们认为，财务与营销的结合是一条行之有效的思路，如果企业加以实践，必将对企业的成功助一臂之力。我们希望，在不久的将来，我国的企业都采纳，并积极地实践，不光停留在表面，更付诸在企业日常的运作中，深入一点，坚决一点，我们坚信，这样一定会对企业的发展起到积极的作用，对企业价值最大化的实现加上重重砝码。

第三节　财务管理和市场营销面对的普遍问题及解决策略

研究市场营销和财务管理，就要研究中小型企业，中小企业是国民经济的主体，其发展状况直接影响到各个区域经济的发展，也影响着整个社会的和谐与稳定。基于经营规模相对较小、资金不够充裕、经营方式不够先进等原因，目前我国中小企业的营销体制还不完善，对企业的经营、管理和总体经济效益造成了一定的不利影响。因此，要找到当前企业营销面临的问题，就需要把中小企业纳入研究对象。

现代企业的市场营销活动涉及范围比较广，大致分为市场需求调研、新产品开发、定价、分销、物流、广告、人员推销、促销和售后服务等方面，销售只是市场营销活动中的一个主要环节，并非全部。企业开展市场营销活动的功能具体如下。

第一，解决生产与消费之间的矛盾，以适应生产消费和人们的生活消费需求。在商品经济时代，社会的生产与消费之间存在着时空上的非对称性，而市场营销则是把生产的信息第一时间传达给消费者，使他们对产品和服务的需求得到满足，从而达到生产和消费的有机结合。第二，产品的价值和附加值的实现。企业开展营销活动，通过产品创新、分销、促销、定价和服务等手段，使产品的价值和附加值得到社会的认同，从而为企业创造更多的经济利益。第三，推动合理使用社会和企业的资源。企业在进行市场营销时，应根据顾客的实际需求，制定与之相适应的营销决策，确定品类和生产规模，从而有效避免供大于求，减少产品的滞销，防止社会资源的浪费。第四，实现企业和用户的双赢。市场营销是企业寻求发展、拓展市场的一种重要方式，也是满足顾客对商品的需要的直接手段，在改善企业盈利状况的同时，还可以促进人们生活质量的提高。

一、企业市场营销及财务管理问题分析

中小企业是我国国民经济的主体，是国民经济的一个重要组成部分，对国民经济的发展、社会的稳定有着非常重要的影响，所以对市场营销和财务管理的问题研究以中小企业为对象，具有较强的典型性和实用性。同时，由于我国中小企业的财务管理模式存在诸多问题，制约着其自身的长足发展。接下来本节通过对这些问题的深入剖析，给出了解决办法，这对提升我国中小企业的财务管理水平和竞争优势具有重要意义。

（一）市场营销的突出问题

1. 市场营销观念落后

对于我国中小企业来说，市场营销观念是进行市场营销活动的根本原则，如果企业的市场营销观念出现问题，不仅会影响企业的销售业绩，严重的还会使企业破产。但是，一些中小型企业对市场营销观念的重视程度不够，致使它们跟不上时代潮流，用过时的市场营销观念来引导市场，自然不会取得好的营销收益。总之，企业的市场营销观念会在很大程度上影响企业的运营和发展。

2. 市场营销管理体制不健全

我国中小型企业的市场营销管理体制还不完善。一方面，由于缺乏基本的市场营销工作程序，企业对市场供需的变动反应迟缓。由于企业内部的市场营销部门与技术部门、生产部之间缺乏有效的交流，使企业的市场营销方案实施效率低下，影响了企业的营销效果。另一方面，在中小型企业的市场营销工作中，缺乏明确的岗位

职能划分，没有形成与之相适应的管理机制，导致市场营销工作低效。

此外，在市场营销策略的制定上，由于缺乏有效的短期营销策划，短期营销与现实不符；而在长期营销上，又缺乏科学、合理的策略规划，忽略了长远的收益，造成了急功近利的短视行为。

3. 缺乏市场调研

顾客的需要是多样化的，而中小型企业由于经营规模有限，无法满足广大顾客的多样化需要。在市场营销中，中小企业仅需满足特定客户的一种或几种需要就可以有稳定的客户群。因此，企业必须认真进行市场调查，以确定其营销战略。但是，中小企业如果只注重产品的生产，而对市场调查不够重视，无法对市场需求做出准确预测，就无法做到针对顾客需要进行产品的设计与销售，导致供需矛盾出现，给企业的营销带来很大的冲击。

4. 营销战略的可操作性不强

中小企业要在激烈的市场竞争中脱颖而出，在夹缝中求生存，就必须制定出一套科学、合理的营销活动策略，并以此来指导企业的营销活动。但是，大多数中小企业存在着诸如产品市场定位不明确、品牌意识不强、对竞争者和目标客户缺乏足够了解、营销手段相对落后等现象，这就导致企业无法形成合理的市场营销策略。此外，在企业的销管理中，对产品质量、企业形象和公关建设等方面的关注度不够，使企业无法掌控营销战略在市场中的执行情况。

5. 网络营销存在误区

互联网营销作为一种新型的营销手段，为中小企业提供了以低成本打开市场的机会。中小企业在经营上存在一定的局限性，无法像大企业那样进行高成本的广告投放。因此，在市场推广中，中小企业往往会选择借助互联网渠道进行营销。但是，由于缺乏对网络营销的全面了解和客观认知，走了很多弯路，使网络营销的作用没有得到有效发挥，推广效果不理想，错失了扩大市场的时机。

6. 市场营销队伍素质不高

人力资本是一种具有战略意义的企业资源，可以为企业的发展提供后备力量。在营销管理方面，由于中小企业缺乏有效的人才引进、竞争、激励、培训等手段，导致专业营销人才十分缺乏。而且中小企业在薪酬待遇、职业生涯规划等方面未能给营销人员创造有吸引力的前景目标，导致市场营销人员的个人发展目标偏离了企业的发展目标，从而很难调动市场营销者的工作热情，致使中小企业的人才大量外流。

（二）财务管理的突出问题

1. 缺乏科学的财务管理理念

我国中小企业普遍存在着对财务管理的重视度不够，没有形成科学的财务管理理念。

目前，我国中小企业的经营管理水平和管理素质都不高，管理观念落后，缺乏现代财务管理观念；在企业经营中，没有把财务管理纳入一个行之有效的管理体系，存在着过度追求短期利润、注重会计核算、忽视财务管理等问题。许多中小企业没有设立专门的财务机构，也没有专门的财务管理人员，财务的管理工作是由会计或者其他部门来替代的，还有的企业是由企业的负责人来全权负责的，这就导致先进科学的财务决策方案很难有效执行。

尤其是很多中小企业的负责人自身缺乏对财务管理理论和方法的正确理解和认知，导致会计人员责任不明确，越俎代庖，财务管理工作混乱，财务监督不力，财务数据真假难辨等问题。

2. 财务管理目标不明确

我国中小企业在设定财务管理目标时，或以盈利为目的，或盲目跟风、模仿他人，并不清楚财务管理目标会受内部环境和外部环境的共同影响。因此，在确立财务管理目标时，必须综合考量多种因素，单纯模仿是行不通的。

此外，企业的经营目标不仅有物质层面的，还有精神层面的。甚至有时，在企业的财务管理决策中，精神层面的目标会起到更大的作用。比如，有些独资企业或者“家族式”企业，它们的首要任务是解决就业，而不是以获取最大收益为首要目的，从而影响了企业的未来发展。

3. 财务管理体制不健全

我国中小型企业的财务管理体制是以财务管理职能为核心，实行纵向管理、逐级负责的组织架构，这种结构在一定程度上存在两个问题。

一是财务管理活动涉及的时间、空间范围有限，资产总量和流量较小，财务组织规模不大，管理体制不规范，分工和责任不清晰，缺乏专门的财务管理人员。

二是由于我国中小企业中存在大量“家族型”企业，因此，企业高管往往不会设置层级较多的组织结构，而是采取纵向管理方式，以确保对企业财务的绝对控制。由于管理跨度小，再加上规模、财力、人力资源有限，中小企业会计机构中的岗位设置经常会交叉重叠，从而影响到会计人才的作用，特别是对企业的内部控制不利。

4. 财务权责过于集中

我国中小企业特别是“家族式”企业，其财务决策权通常掌握在几个高管手里，大到企业项目的投资、融资、资金划拨，小到日常财务支出等都是由企业的主要负责人来掌控的，这种财务控制流程职责不分、权责过于集中的现象，严重限制了企业财务人员发挥财务管理作用。

总之，在企业的财务管理活动中，适度的集权能够使有限的资金在最高管理者的监督下进行优化配置，但如果权力过于集中在高管手中，就削弱了财务人员的权限，使其无法根据所获得的信息进行及时的财务决策，管理过于僵化。

5. 财务管理激励机制不完善

财务管理激励机制的运用过于形式化，由于我国的中小企业资金支撑不到位，管理者有时不愿履行承诺、不遵守企业的激励制度。很多中小企业正处在资本积累阶段，资本实力不强，缺乏对激励机制的全面认识，激励方式过于极端，要么以喊口号或道德教育为主；要么过于强调金钱的功能，只以金钱为动力，而忽视了全面激励机制的运用。一切事情都由老板做主，没有正确区分“激励”的真正原因，甚至往往将激励因素转换成其他因素，起不到任何激励作用。

6. 财务信息沟通能力较低

财务信息沟通能力较低，主要是因为我国中小企业的财务信息不够公开、不够透明，大部分中小企业内部的财务信息主要是面向企业的高级管理人员；而在外部，由于害怕泄露企业的商业机密和财务机密，对其进行了严格的保密管理。因此，企业的财务信息公开对象和范围狭窄。

二、问题解决对策

（一）加强市场营销的对策

1. 更新市场营销理念

当前，国内许多中小型企业依然沿用传统的营销理念——产品营销。而在市场竞争日益加剧的今天，中小型企业要在市场上取得良好的发展，就需要不断更新自己的营销理念。在这种背景下，中小型企业应根据自己的具体情况，建立个性化营销理念和顾客关系营销理念。

个性化营销理念是指以特定的消费者为目标进行营销。在当前阶段，顾客的需求具有多样性，一个企业难以满足不同的顾客需求，因此，运用个性化营销理念可以解决这个问题。顾客关系营销理念是随着顾客满意度而产生的，即顾客价值最大化和顾客保有率。通过建立上述两种营销理念，中小型企业必然可以摆脱目前的营销困境，并在日益激烈的市场竞争中保住自己的地位。

2. 健全市场营销管理体制

要完善我国中小企业的营销管理制度，规范其经营过程，以提高其经营管理的有效性。第一，按照企业的发展需要，建立分工明确的市场营销管理部门，梳理各部门、各岗位之间的沟通和协作关系。第二，根据企业发展的现实情况，对未来的市场需要做出科学的预期，并制定出具有针对性的短期和长远营销策略，广泛地咨询各个部门和市场营销人员的建议，制定企业的市场策略和未来计划。第三，加强对市场营销策划实施的监管，避免在市场营销活动落实中发生偏离，保证市场营销目标的实现。

3. 做好市场需求预测

市场需求预测是市场营销的基础性工作，为了提高中小企业的营销针对性，应从市场细分和目标市场的选取两个方面同时入手。

一是通过对企业各类产品特性的认识，确定每类产品的需求者，然后再从地理位置、心理、行为三个方面对客户的需求进行综合评价。二是对不同的需要人群进行了市场调研，并对其进行了分析和对比，发现不同客户之间的需求差异。三是进一步对产品需求的一致性进行筛选，区别出不同需求之间的显著差别，从而对市场进行细分，保证产品的特性得到最大限度的体现。四是对各个细分市场进行评价与分析，对其进行深入的市场调查，并对市场需求规模进行预测，了解市场的竞争情况，对目标市场进行适当的选择。

4. 实施市场营销组合

面对资金短缺、技术力量和生产能力的不足，中小型企业应采取综合营销策略，以最少的投资获得最大的收益。

第一，在产品营销上，中小企业是通过持续生产被大企业慢慢淘汰的，但老客户仍有需求的产品，并严格控制产品的产量，来应对市场的惯性需求。第二，在定价策略上，要考虑到企业的总体利益与目标，采取灵活的定价策略，也就是说先设定一个起始价，再视具体的地区、消费者、竞争者保持相应的浮动，而不超出一定的范围，这样的产品价格更有竞争力。第三，在营销渠道上，要增强品牌意识，统筹规划营销渠道；通过优化营销资源的分配，代理商的选择，将产品从省内向邻省乃至全国市场拓展。第四，在促销上，利用广告宣传、人员推销、公关宣传等方式，向消费者传达商品的作用和价值，以提高消费者的购买欲望，并进一步深度挖掘潜在的消费人群。

5. 充分运用网络营销方式

在信息化条件下，网络营销是一种新兴的营销手段，它可以为传统的市场营销提供一种新的途径。中小企业要充分发挥互联网营销传播速度快、成本低、影响大、覆盖面大等优势，构建自身的信息网络平台，扩大企业营销渠道，把企业的产品信息及时传达到客户身边；缩短客户与商家的距离，提升市场服务的效能。同时，将信息化技术应用于营销管理，构建顾客关系管理平台，将产品销售、售后服务、产品推广等信息整合在一起，为企业制定和调整营销战略提供强有力的参考。

6. 建设高素质营销团队

中小企业急需一支专业化、高素质的营销团队，搞好营销工作，进一步提高企业的经济效益。

第一，要健全人才引入机制，中小企业要把营销人才作为企业的一种重要资源，健全人才招募机制，积极通过高校、人才交流机构、竞争对手等渠道引进人才，使企业的营销工作焕发生机。第二，要建立和完善合理的用人机制。中小企业要制定一系列的管理制度、考核制度、奖惩制度，以适应企业人力资源管理的需求；还要建立员工成长与发展机制、竞争淘汰机制等，以激发市场营销者的工作热情，并力求提升员工的工作业绩。第三，要加强对市场营销人才的培养。加强对市场营销人才的培训，并聘请资深的市场营销专家，对其进行市场营销的理论与技术训练，使营销人员能够了解市场的最新观念、发展规律，提高营销人员的实际操作能力。中小型企业也可以发挥销售业绩优秀、工作经验丰富的销售人才的引领作用，通过“师带徒”的形式来教授市场营销技巧。第四，要经常举办营销知识竞赛，以激发市场营销人员的积极性，点燃其提高营销业绩的工作热情。

总的来说，在中小企业发展过程中，营销起着举足轻重的作用，因此，中小企业要加强对营销的关注，主动学习先进的营销思想；根据企业的经营情况及发展目标，制定企业的营销策略，并持续地进行营销方式与途径的创新，以实现企业的最大效益。中小企业要注重培养高质量的市场营销队伍，为市场营销工作打下坚实的基础，从而为企业的发展注入新鲜血液。

（二）完善和发展财务管理模式的对策

1. 树立科学的财务管理理念

要有效地解决企业领导者集权、家族化等问题，推动企业进一步深入发展，必须加强对其学习，真正改变其财务管理观念；树立以财务为中心的经营理念。加强企业财务管理，是推进中小企业经营管理的一项重要措施，并将其贯彻到企业的各职能部门。另外，为适应新的金融环境，中小型企业必须树立人本化、多元化的风险理财理念。

2. 确定科学、明确的企业财务管理目标

科学、明确的企业财务管理目标不仅是我国中小企业发展的需要，也是客观条件制约的结果。合理的财务管理目标应该是符合我国实际情况，满足我国宏观经济制度和企业运行模式的需要，具有客观性、可比性和可操作性，同时兼顾偿债能力、营运能力和盈利能力的。

明确地说，财务管理目标是企业进行有效财务管理活动的先决条件，必须具备可计量性、一致性、阶段性和综合性等特点。从我国国情出发，符合目前大部分中小型企业的财务管理模式是以可持续发展的利益最大化为目标，这种模式能够比较全面地解决我国中小企业发展进程中财务方面的问题。

3. 健全和完善财务组织机构

我国中小企业在建立和完善财务组织机构的过程中，应当按照企业的发展策略和不同的发展阶段，明确其职能，合理地设立财务组织结构和工作岗位，使管理工作稳步提升，很好地融入业务过程，统一会计核算过程，明确会计核算的地位，认识财务管理的重点，进一步确立财务人员、业务人员、高级管理人员之间的权责关系，建立财务管理的基本管理体系，提高管理效率，全面规范整个企业的财务管理工作。

4. 正确处理财务权责关系

在财务权责关系的选择上，绝不能简单地在权力集中或权力分

散的模式下进行权衡，而是要有效地调控权力，使之趋于协调适度。

当前，我国中小企业存在“权力过度集中”的情况，必须合理调整企业财务管理层级和管理范围，并根据企业经营体制选择合适的财务制度，适当地下放财政管理权力。企业的高层管理人员应该仅仅就企业的重要事项做出决定，而且要将权力和职责对等化，真正实现“谁来实施，谁来负责”，不断放大财务管理的功能。

由于实行财务分权，财务管理人员从之前被动的决策执行者向决策参与者转变，既解决了中小企业财务决策权过度集中的问题，又有利于提高企业的决策效率，对迅速变化的市场信息第一时间做出回应，抓住商机。

5. 规范企业财务激励机制

规范企业财务激励机制应从以下三个方面入手。

（1）物质激励的构建

物质激励包括三个层面，分别是工资、奖金、福利安排。毫无疑问，在与大型企业的人才竞争中，中小企业在物质上处于明显的劣势，在实施物质奖励时，一定要认识到这一问题。例如，在利润分享计划中，企业利润的大小与员工的收益直接挂钩，但这种方案过于注重企业的经营目标，没有充分考虑到个人的绩效；在收益不确定的情况下，由于无法确保预期回报而使员工信心不足，从而产生抵触情绪，因此很难有效地实现其激励目的。

我国的中小企业要根据自己的实际情况，进行利润分享计划的利弊衡量，要从经营计划、组织结构和核心竞争力等方面进行研究；根据企业的经营风格、市场定位和经济环境等因素，制定符合企业发展要求的物质激励方案。

（2）精神激励的构建

首先是情感的鼓励。人类与动物最根本的不同在于，人类有思维和情感。情感因素在很大程度上影响着人们的工作热情。

其次是榜样的激励。榜样的力量是无限的，很多中小型企业进行了劳动模范的宣传活动，但是收效并不好，这主要是因为它们在树立和宣传劳动模范时在很大程度上是失真的，缺少说服力和感召力。榜样的激励能够取得良好效果的一个重要环节就是企业的管理者要起带头作用。

最后是目标的激励。对于某一特定的目标任务，其完成得是否理想一般从三个方面来考量，即完成的时间、质量和成本。从领导的角度来说，肯定希望在耗时最短、成本最低的基础上，达到最好的质量。而从雇员的角度来说，与之有出入甚至恰恰相反，这便导致了企业主和雇员之间的矛盾。合理的目标设置原则是，领导者的意愿最多影响到两个要素，而另一个因素取决于雇员。

（3）内在激励的构建

雇员内心满意可以激励其工作的积极性，国内的中小型企业应该将更多的精力放在工作上，将工作进行重新设计。工作重新设计是以雇员为本，让雇员参与到工作的设计过程中，雇员可以对工作的改进出谋划策，参与到重新设计的工作中。这样雇员的工作积极性将得到很大的提高，从而使他们获得更多的成就感和满足感，燃起为了工作勇于付出的斗志。

（三）财务控制对策

控制就是对一个机构的行为进行约束和引导，以实现其预期目的。一般情况下，企业有销售控制系统、生产控制系统、财务控制系统等很多控制系统。

财务控制就是根据财务规划和既定的准则，监督、检查企业的财务活动，并将预设的财务目标与实际的财务活动效果进行对比，发现其中的差距，分析其产生的原因，为保证财政预算的顺利完成，及时修正财务实行的具体过程。财务控制是指对企业资金的获取、投放、使用和分配等财务活动的控制。

1. 财务管理循环

企业财务控制与财务规划紧密相连，计划是控制的前提，控制是实施计划的方式，它们互相作用共同构成了企业的财务管理循环。

财务管理循环主要包括以下环节。

（1）拟定财务决策，也就是制订一个项目计划，以解决企业的不同财务问题。

（2）编制预算和准则，以特定的数据为基础，根据企业的各种生产和运营活动，编制计划和标准，主要是周期计划。

（3）将真实的数据记录下来，也就是记录企业的真实资金流动周期情况，这是会计的职责。

（4）比较基准和实际，也就是将上述两个项目的金额进行比较，找出差异，发现例外。

（5）差别分析和调查，是指对较大差别的特定调查，找出造成差别的具体原因。

（6）评估和考核，是指对执行者绩效的评估和考核，以区别差异及其产生原因。

（7）奖励，是指在评估和考核的基础上，对执行者进行适当的奖励和惩罚，以激发他们的工作积极性。

（8）修正偏差，也就是针对发生的问题而采取的措施，改正这些偏差，以实现所确定的目标。

2. 财务控制系统的构成

一个企业的财务控制系统主要包括组织系统、信息系统、考核制度和激励制度等。

（1）组织系统

企业的组织架构由两大要素构成，即组织层级与管理体系。它反映着各层级之间的权力关系。在一个集权的组织架构下，最高层的管理阶层拥有最高的权力，而低级管理者的权利是有限的。还有一种可能性是，某一企业的权力集中于某一功能区域，而在另一职能领域却是分散的。一般情况下，生产、财务、人事等都是权力高度集中的部门。由于企业的财政预算是由多个层次的小型预算构成，每个小型预算代表一个部门、科室、车间，因此，财务管理体系必须符合企业的组织架构。

（2）信息系统

信息系统是财务控制系统中另一个重要的内容，即责任会计系统。责任会计系统隶属企业会计系统，负责对财务管控的数据进行计量、传输和报告。责任会计系统的功能主要有三个方面：责任预算编制、预算执行情况核算、绩效分析评价和汇报。

（3）考核制度

考核制度是控制系统中一个影响很大的组成部分。第一，考核制度确定一种标准，表示职责中心的目的。根据不同的职责中心，可以是销售额、控制成本、净利润或者投资回报率。如果有需要，则可以制定一些次级指标，例如市场份额、次品率、占用资金的数额等。第二，用唯一的方式来说明责任中心的目标尺度。第三，确定绩效评估的测量方法。第四，采取的预算编制进行明确的说明。第五，对绩效报告的内容、时间、细节等做出说明。

（4）激励制度

激励制度是保证控制系统长时间高效运转的关键。激励是促使一个愿望或目的成功达到的动力。在激励因素中，奖惩是最有效的，它们不一定是通过金钱的形式，也可以通过其他形式。一套完善、科学的激励系统会指导人们调节自身的行为，并在他们的努力中取得更好的结果。总之，激励制度是激发雇员积极性的有效方式。

第四章　电子商务与财务管理

第一节　电子商务管理基础

电子商务是一种与商品生产、商贸流通、生活服务等均有紧密联系的商业模式。它于20世纪90年代在美国出现，经过多年的发展，其规模越来越大，从业人员越来越多，经济带动力也越来越强。随着电子商务在我国的迅速发展，工业规模不断扩大，大量关于电子商务信息、交易、技术等领域的服务企业应运而生。随着我国电子商务的日趋完善和网络普及程度的逐渐提高，电子商务市场竞争将会更加激烈，其在我国市场经济中的作用也会无可替代。

一、电子商务的概念

电子商务是指通过互联网、企业内部网、增值网等网络进行电子交易和提供有关服务的活动。

（一）广义和狭义的电子商务

电子商务的概念可以从广义和狭义两个方面来阐释。广义的电子商务是指企业内部、供应商、客户和合作伙伴之间通过网络等电子手段进行信息共享，使企业内部的业务过程电子化与企业内部的生产、库存、流通、资金等各环节协同，提高整体效率。狭义的电子商务是指利用互联网这样的电子工具在世界各地开展的商业交易，包括供应商、广告商、消费者、中介机构等相关方面的行为总和。通常所说的电子商务是指狭义的电子商务。

总的来说，无论是广义的电子商务还是狭义的电子商务都必须满足两个基本条件：一是互联网，这是必备前提；二是借助互联网完成的商务活动。

（二）不同视角的电子商务定义

由于20世纪末出现的电子商务是一种新兴的事物，各国政府、学者和企业界人士纷纷从不同角度和立场对其进行了各种界定，但至今尚未形成一个统一的、权威的、公认的概念。为了更好地了解电子商务的内涵，本节将从多个角度对其进行界定。

1. 欧洲议会给出的定义

关于电子商务，欧洲议会给出的定义为：以电子形式进行的商业行为。它以电子的形式进行数据的加工和传输，包括文字、声音和图像。其业务范围很广，不仅包括电子商品贸易与服务、网上数据传输、电子资金划拨等和电子证券交易、电子货运单证、商业拍卖、合作设计和工程、在线数据、公共产品获取等实物产品的商业活动，也包括非实物类的金融、信息、法律、健身、教育等服务活动。

2. 权威学者的观点

美国学者瑞维·卡拉科塔和安德鲁·惠斯顿在其著作《电子商务的前沿》中指出，从广义上说，电子商务是一种现代的商业方式。该方式能够满足政府机构、厂商和消费者对最低成本的需要，通过提高产品和服务质量、提升服务传递速度来实现。

3. 部分信息技术行业对电子商务的定义

信息技术行业是直接设计和生产电子产品的企业。许多企业在其技术特征的基础上对电子商务进行了界定。总结起来，它们普遍认为电子商务是一种在电子网络环境中，以计算机硬件、软件和网络基础设施为前提，以特定的协议连接起来的商业行为。

电子商务是一种新型商业形式，它把先进的电子产品和网络技术运用于各类商业活动中，技术是它的实现形式，而商务活动是它的实质。

二、电子商务的分类

电子商务具有非常广泛的用途，伴随着其发展的日益完善而衍生出许多不同的类别。这里主要介绍几种常见的分类方式。

（一）按照交易对象分类

电子商务的交易对象主要有企业、个人消费者、政府，在这三个交易对象中开展的电子商务活动主要分为B2B（Business to Business）、B2C（Business to Consumer）、C2C（Consumer to Consumer）、G2B（Government to Business）、C2G（Consumer to Government）、G2G（Government to Government）。

1. B2B　　企业与企业之间的电子商务

这种电子商务活动是企业之间在互联网上进行产品、服务和信息的交流。简单地说，在进行电子商务时，供应方和需求方都是企业。双方通过电子技术或者各种商业网络平台实现业务往来，商务交易的内容有发布产品信息、订购、付款、配送、收货等业务。

B2B 电子商务还可细分为综合 B2B 模式、垂直 B2B 模式、自建 B2B 模式。

综合 B2B 模式是把所有行业的业务集中整合到一个网上平台，为采购和供应双方提供了一种交易渠道。一些大型、综合类网上交易平台就是综合 B2B 模式的典型代表。

垂直 B2B 是指根据某一特定的产业资源，通过准确的信息服务，建立一个专门的平台。垂直 B2B 模式供需关系清晰，有利于供需双方建立稳定的买卖关系；但缺点是容易造成供需信息不够全面和广泛，同时面临着来自综合 B2B 模式的竞争压力。如专门的美妆类网站、服饰类网站、电子产品网站都是此模式的典型代表。

自建 B2B 模式是一些大企业在其自身的信息化水平基础上，建立基于自身产品供应链的电子商务平台。企业通过自己的电子商务平台将整个行业的整条产业链连接起来。通过这个平台，供应链的上、下游企业可以进行信息交流和交易。但是，这种电子商务平台相对封闭，缺乏深入的产业链整合，若不能向着综合性或纵向的 B2B 平台转变，则很难满足未来的市场需求。很多大型汽车企业都采用自建 B2B 平台。

2. B2C　　企业与消费者之间的电子商务

企业通过在线商店向消费者直接销售商品和服务，其主要业务是在线零售，消费者通过网络实现购物并完成支付。它可以为消费者创造一种全新的购物体验。各种零售网站都属于这一类型。

3. C2C　消费者与消费者之间的电子商务

C2C 模式是个人与个人之间的交易，买卖双方都是通过网上交易平台进行自由买卖，卖方可以将所要销售的物品信息发布到交易平台上，买方可以根据自己的需求进行挑选和购买。各种二手物品交易网就是具有代表性的 C2C 平台。

在 C2C 模式下，电子商务交易平台供应商扮演着非常关键的角色。一是平台提供商为交易双方提供技术支撑，包括创建个人店铺、发布产品信息、提供支付方式等；二是平台供应商通过集中大量的商务信息，吸引买家和卖家的会聚；三是平台供应商要承担交易的监管责任，保障交易行为，促使买卖双方诚信经营。

4. G2B　政府与企业间的电子商务

政府利用网上电子系统进行各项业务办理，简化了业务管理过程，为企业快速、及时地提供各类信息服务。当前，主要涉及电子采购与招标、电子报税、电子证照的办理和审批、发布相关政策、咨询服务等方面的业务。

5. C2G　个人与政府之间的电子商务

C2G 模式主要是个人在政府官方网络平台上办理业务，比如，公众通过政府网站查询信息、申请护照、交纳个人所得税等都属于 C2G 应用。

6. G2G　政府与政府之间的电子商务

G2G 模式是政府机关工作运用的网络平台，包括各级政府之间的公务交流、机关内部的资源共享、办公自动化等。

（二）按照商务活动形式分类

电子商务按照商务活动的形式可分为直接电子商务、间接电子商务以及 O2O（Online to Offline）电子商务。

1. 直接电子商务

直接电子商务是以数码产品及服务的网上交易为主，包括娱乐影像、计算机软件、资讯文献、旅游和文化商品等，直接电子商务不需要借助第三方物流企业来参与完成，因为不是实物商品，而是纯电子商务。

2. 间接电子商务

间接电子商务的主要用途是实物商品的网上交易，采用网上订购、借助物流配送来完成。

3. O2O 电子商务

O2O 电子商务引领了未来电子商务的主要发展方向，是通过网络将线下商业机遇推到屏幕前面，进行广泛推广和宣传，让更多的消费者能够看到。O2O 是一个很大的概念，只要是涉及线上和线下的全产业链，都可以称为 O2O。

在 O2O 电子商务的具体运作中，通常都是在网络平台上找到有意向的顾客，然后引导其进入线下实体店铺。消费者在线上进行选购，然后到实体商店提货。近年来，随着 O2O 电子商务的迅速发展，国内 O2O 电子商务也在逐步实现本土化和手机终端一体化。

（三）按照网络类型分类

电子商务按照网络类型分类可分为 EDI（Electronic Data Interchange）商务、Internet 商务、Intranet 商务及 Mobile 电子商务。

1. EDI 商务

EDI（电子数据交换）是指使用 EDI 技术与系统进行的商务活动。EDI 是一种最早用于处理商务资料的信息技术，它是根据约定的协议，对商务文档进行规范化、格式化，并借助网络与交易方进行信息交流与处理。现已广泛运用于企业之间、企业与批发商之间的发票及产品订单确认等业务。

2. Internet 商务

Internet（因特网）商务是指通过因特网开展的商务业务。当前，大多数的电子商务都是这一类。比如，通过因特网开展产品信息发布、销售、售前售后服务等业务。它的最大特征就是信息共享，网络上的所有用户获得的信息都是平等的，没有时空局限。

3. Intranet 商务

Intranet（内联网）商务是指企业通过建立自身的内部网络来实现业务过程和内部管理的一种商业行为，是一种广义的电子商务。它利用内部网技术构建一个独立的虚拟网络，通常设置有防火墙，防止非用户访问。它的功能是把各个企业的分企业和企业内部的组织机构联系起来，从而达到信息共享、资源共用、提高工作效率的目的。

4. Mobile 电子商务

Mobile（移动）电子商务是近年在电子商务领域新兴的一种分支业务。移动电子终端作为用户进行电子商务活动的“主屏幕”，代替 PC 端，是行业发展的必然趋势。现在，我们生活中的 Mobile 电子商务主要是通过智能手机、掌上电脑等多种方式实现的。Mobile 电子商务是互联网、移动通信、短距离通信和其他信息技术的有机结合，使人们可以突破时空的限制，随时随地进行任何商业活动。当前，中国移动电子商务市场的发展速度很快，而且每年的使用人数和业务量都在增加。

三、电子商务的优势

在电子商务的背景下，打破了传统的时间和空间概念，拉近了生产、流通和分配、消费各个环节之间的差距，为全球的公平、广泛和竞争打开了一个巨大的市场，为生产者、销售者和消费者创造了一个更加符合自身需要的市场环境。

与传统商业活动相比，电子商务具有以下优势。

（一）交易虚拟化

以因特网为代表的互联网贸易，买方和卖方从产品协商、签订交易合同到收货付款，都可以在网络上实现，不需要面对面的交易，而是完全虚拟的。对于卖家而言，可以自由选择自建企业网站或者在各种电子商务平台上创建自己的“店面”，进行商品展示。随着虚拟现实、在线沟通等新技术的出现，买家可以根据自己的需要，对商品进行选择、反馈，通过信息交互，签订电子合同并进行网上付款。可见，所有的交易活动都是在虚拟的互联网上完成的。

（二）企业交易成本降低

1. 降低信息传递成本

传统的信息传播方式，如信件、电话、传真等，受到信息传递双方距离的限制，距离越远，通信费用也越多。但是，在互联网上，没有时空的约束。另外，缩短传输时间和减少资料的重复，也可降低信息传递成本。

2. 降低交易环节成本

首先，传统的交易平台为实体门店或商铺，场地租金、人工成本较高，而经营电子商务则多在办公场所进行，这些成本相对较低；其次，卖家可以利用网络拓宽供货渠道，同时也可以与供货商分享信息，降低因交易过程中信息不精确所造成的损失；最后，降低营销成本，销售人员可以利用互联网进行产品的介绍和宣传，从而减少市场营销的费用。

3. 降低管理成本

“无纸贸易”是电子商务的典型特征，单从文档处理成本上就可以节约大概九成的费用。通过企业的内部网络，可以实现无纸办公，从而有效地提高了内部信息的传输速度，节省了传递时间和管理费用。企业总部、代理商以及分布在国外的子企业和分企业，都能通过互联网联系在一起，并对不同地区的市场发展状况做出及时响应。

4. 降低库存成本

互联网使买方和卖方能够及时地进行供求信息的交流，从而实现无存货的生产和销售。在传统贸易环境中，为了应对市场变化，企业必须维持一定数量的原材料和产品存货，其实这种不得不保留库存的情况主要是由于缺乏有效的信息交流。基于信息技术的电子商务能够解决企业在决策过程中存在的信息不精确性问题，通过网络可以将市场需要的信息精确地传达到企业，并进行生产规模和数量的决策，同时还可以根据供求的变化情况，及时补充或停止购买原材料，达到零库存管理。

当然，零库存并不是真正意义上的不要储备和没有储备，而是一种特殊的存货观念，即在采购、生产、销售、配送等过程中，所有物料和产品并不以仓储的方式进行，而是流动和周转着的。

（三）有利于企业产品技术创新适应市场需求

电子商务促进了中小型企业的技术革新和市场适应能力的提

升。电子商务为新技术和新观念提供了快速传播的机会，及时准确地为企业的新产品提供信息。企业通过网络调查，了解客户的最新需要，从而制定出更前沿、更有创意的生产策略，以保证自己的产品市场。

电子商务能够为顾客提供个性化的服务，是其最大的优点之一，比如实现各种私人定制等。在过去的商业模式中，由于信息交流、服务成本和服务手段的限制，消费者的个性化要求不可能实现。在电子商业的模式下，商家可以通过互联网搜索、追踪和分析消费者的偏好、需求和购买行为，并将其反馈给决策部门，以推动企业能够根据消费者的特定需求开展调研和发展，从而更好地为消费者提供个性化的产品和服务，提高顾客的满意度和忠诚度，提升企业的盈利能力。

第二节　电子商务运营管理模式

建立健全的电子商业经营管理模式是电子商务经营管理的关键。从企业环境的角度来看，可以将电子商务运营管理模式分为内部运营模式和外部运营模式两种。前者的目标是将各种资源要素投入企业的内部经营中，并将其转换成现实的产品和服务，保证企业的生产效率，减少生产费用；后者的目标是为顾客提供满意的产品和服务，组织、协调和控制各种经营活动，按订单生产，为企业带来利润。将企业的内部经营模式与外部经营模式相结合，形成一套完善的企业电子商务运营管理模式。

一、内部运营模式

企业的内部运营模式包括多种类型，其目标是整合企业内部的各种信息系统，以最大限度优化配置现有的各种资源，并为电子商务活动提供支撑。其构成模式具体包括客户关系管理（Customer Relationship Management，CRM）模式、知识管理模式、企业资源计划模式、协同制造模式等。

（一）CRM

CRM 是通过运用现代化信息化手段，实现营销、销售、服务等活动的自动化，从而提高客户的满意度和忠诚度。随着电子商务市场的日益国际化，顾客的选择越来越多，顾客流失也越来越严重，因此，对客户关系的管理也越来越重要。

CRM 需要企业摆脱“以产品为导向”的传统经营理念，建立以顾客为本的经营模式。CRM 可以让企业在留住老客户的同时，挖掘更多新顾客。利用 CRM 能够快速发现、观察和管理潜在顾客，并有效地预测客户的发展前景；通过科学地分析目前和潜在的利益，保持与顾客的和谐关系，从而获得最大的收益。

CRM 不仅是一种管理思想，更是一种软件技术。CRM 体系是一种面向顾客的电子商务系统，使企业从传统的商业模式转变为以电子商务为基础的现代商业模式。它将最佳的商业实践与数据挖掘、数据存储、精准营销、销售自动化及其他信息技术相结合，为企业的销售、服务、决策等提供了一种业务自动化的实现途径。

1. CRM 的目标

（1）提高工作效率

运用信息化技术，可以有效地提升企业业务流程的自动化水平，促进企业内部的信息交流，提升员工的工作能力；同时，有效地降低员工的培训要求，提高整个企业的工作效率。

（2）扩大市场范围

企业以新的商业模式拓展其运营领域，抓住新的商机，获得更大的市场经营权。

（3）保留更多客户

顾客可以根据自己的喜好，与生产厂家进行沟通，以获得更加全面的产品信息和更周到的服务。同时，顾客满意度的提升既能使其变成长期稳定顾客，也能更好地吸引新顾客。

2. 企业建立 CRM 系统的模式

（1）自建

企业内部自行开发 CRM 系统，这种方式成本最高。一是研发周期较长，一般要 1—2 年；二是成本太高，企业不但要花费巨资在软件、硬件、技术研发上，而且要承受高额的后期维护费用；三是系统的运营管理比较困难，尤其对数据的收集、整理和分析本就不是中小企业的强项。

（2）购买

企业购买市面上已有的授权软件，并根据自身的实际需要进行一定数量的个性化定制。购买现成的系统也是一笔不小的开销，除了研发费用，软件购买、后期升级、软件维护、个性化服务等都需要自己承担。企业不仅需要购置软件和硬件，还要自行配置、运行和管理、维护整个复杂的系统。

（3）租赁

应用服务供应商为企业提供网上的商业应用服务和管理服务。应用服务是指在双方签订的外包合同的基础上，由应用服务提供商负责企业 CRM 系统的开发，并确保 CRM 的顺畅运行。也就是说，应用服务提供商不仅要承担软件的建立、维护和升级任务，而且要管理和维护整个应用系统，这一过程是以网络为基础进行的，用户可以在网上远程获取。

3. CRM 项目成功实施的前提

企业的高级管理层需要了解并给予其充分的肯定和支持。高层领导为项目制定清晰的计划和执行时限，并提供必要的资金和其他资源支持，尤其是在执行过程中，遇到棘手的难题时，更要继续鼓励和支持项目组。

CRM 项目执行小组应当是一支有良好组织性的团队。团队成员不但要全面理解企业的业务流程和技术方案，还要把技术和具体问题结合在一起，针对问题选择适当的技术，而不是为了满足技术需求而不断地调整流程。此外，团队成员必须具备良好的沟通能力，以了解更多的信息，保证 CRM 系统能最大限度地满足企业的需求，让顾客能快速适应和接受新的业务流程。

要让企业里的每个人都意识到 CRM 项目的重要性，并充分配合。CRM 不是某一个或几个人的项目，也不是某一个或几个部门的项目，而是一个全员项目。如果有个别的员工或部门持消极态度，CRM 项目的功能和意义就不能得到完全发挥。试想，假如客户经理认为客户信息不是很重要，没有进行详细的登记和信息更新，那么客户服务中心就不能及时地获取并分析相关的信息。如果产品开发人员觉得顾客的评价是微不足道的，那么新的产品就不能满足顾客的需求。

4. CRM 项目实施的基本步骤

（1）制订商务计划

企业必须明确其对 CRM 系统的需要，并了解 CRM 系统对其业务行为的影响。在对企业的应用需求进行正确的理解和描述之后，企业应该制订出一个最高层次的商务计划，以使技术实施方案和企业的物质资源相结合。

（2）建立 CRM 团队

在 CRM 项目建立以后，企业应该第一时间组织一个团队。团队成员可以是各部门中挑选出的优秀代表，而这些团队成员所在的部门将会采用 CRM 系统。为了确保团队的工作效率，必须对项目进行前期的培训和 CRM 概念推广。

（3）分析客户需求，初步建设客户信息系统

CRM 项目小组需要对不同客户的不同需求和服务进行深入的研究，以明确企业与用户的交互环节。客户资料收集与储存体系的初步构建，主要是客户资料档案的建立，通常包含客户原始资料、统计分析资料、资料输入记录等。为了确保档案的经济性和实用性，企业应根据管理决策的需求、客户的特点和收集信息的能力，对客户档案进行分类选择。

（4）评估销售和服务流程，明确企业应用需求

通过分析、评估、重构企业原有的业务流程，建立一套规范、合理化的新的业务流程。在此过程中，应广泛征询每个员工的意见，以了解他们对销售、服务流程的理解及具体需要，并要求企业管理层也参与进来。在对流程进行重组之后，要根据各个部门的实际应用需求情况决定各个模块的功能。

（5）合理的规划、投资，全面开发，分段推进

在选择应用软件供应商时，要充分考虑应用软件供应商对问题的认识和解决能力，以及它们能提供的各种功能。在此基础上，投入相应的资源，进行软件安装、调试、系统整合，并促进实施。通过逐步实施 CRM 计划，企业可以在不影响终端用户使用的情况下，随时调整 CRM 系统，以适应业务需要。分段推进是一种逐步实施的方法，开始时先少量、慢慢地添加功能，当需要的功能越来越多时，再继续将其加入系统中。

（6）组织培训

为了保证 CRM 系统的正常运转，企业要开展关于系统实施的相关培训，培训对象涉及销售人员、服务人员以及管理人员，其目标是让企业内所有用户熟悉 CRM 系统的操作，并在此基础上了解后期管理和维修的必要性，保障系统顺利运行。

（7）使用、维护、评估和改进

企业运用 CRM 系统中的数据监控体系、内部管理报表体系、数据决策和分析体系来衡量企业经营业绩。在这个过程中，企业需

要和系统的供应商共同评价系统的有效性，发现问题，及时纠正，并持续改进，使系统的适用性越来越强。

（二）知识管理模式

电子商务活动需要企业具备信息交流、知识获取、知识创造和知识转化等技能。知识的产生、获得和转化取决于企业自身的学习能力，而学习能力是提高其电子商务竞争优势和核心竞争力的重要因素。

知识管理（Knowledge Management，KM）是诞生于网络新经济时代的一种新型管理思想和方法，它通过在组织中建立起一个量化与质化的知识体系，使组织内部的信息与知识经过收集、加工、处理、共享、应用、提炼等一系列操作后，源源不断地反馈给知识体系，在个体和组织之间，形成一个知识循环，使之成为企业管理和应用的智力资本，帮助企业做出应对市场变动的适当决策。

知识可分为隐性知识与显性知识两大类。隐性知识是一种具有高度个人化、难以形式化的知识，是一种主观的理解、直觉和预感，例如企业员工多年积累的工作经验；显性知识比较直观、具体，是一种可以用文字、数字表示并易于以数据的方式进行沟通与分享的知识，比如编辑整理的程序或者普遍原则等。从知识的编码格式化观点来看，可以对显性知识进行编码，而无法对隐性知识进行编码。

研究表明，企业内的大部分知识都存在于雇员的大脑中，也就是隐性知识；而小部分知识则是以分享方式存在的，也就是显性知识。根据两种不同的知识形态和不同企业的不同需求，可以选择不同的知识管理模式。从整体上讲，KM 有两种类型：编码化的 KM 和个性化的 KM。

1. 编码化的 KM 模式

采用编码化的 KM 模式，将知识进行编码和存储，使企业员工能够直接利用网络访问数据库。这种模式着重于对信息技术的投资，首先需要建立信息管理系统，以快速收集和传播知识，并通过知识的再使用而获利。比如，许多计算机厂商都会在计算机装配技术的 KM 系统上投入大量资金，但他们的销量也会因此而倍增，也就是说，每项技术都要反复利用，因此，每项技术的平均研发费用都是微乎其微的，但利润是反复增加的。

2. 个性化的 KM

在个性化的 KM 模式下，知识与其拥有者是不分开的，知识拥有者主要通过面对面交流的方式进行知识传播和共享。这一模式突出了企业在人才方面的投入，要大量引进国内外一流专家和学者，并积极鼓励他们与企业其他员工、客户进行直接的沟通，以此来传播自己的专业知识。与此同时，企业内部人员的知识流动也在不断地增长，并在相互的沟通中挖掘、共享对方的隐性知识，通过集体思考，促进新知识的诞生。

KM 应遵守下面三个基本原则。

第一，积累原则。一定的知识储量是实施知识管理的必要前提，所以，前期的知识积累必不可少。

第二，共享原则。所谓知识共享，就是要尽量将企业的信息和知识公之于众，不能被某个人或者某些人私自占有，要让所有员工都能直接获得并利用。

第三，沟通原则。KM 的关键在于在企业内部营造一种良好的企业文化环境，营造互相学习、交流的氛围，从而减少员工与企业之间的沟通壁垒，促进知识交流。

KM 的具体实施过程有以下几个步骤。

第一，规划。在把握企业大的发展目标的前提下，客观评估 KM 的现状，并进一步做出 KM 目标的初步规划。

第二，梳理。通过对企业业务流程的梳理，确定 KM 内容，建立 KM 体系，形成 KM 文化。

第三，导入。在充分了解并分析 KM 系统需求的基础上，进行 KM 系统选择，促进 KM 系统的执行。

第四，持续改进。始终保持对 KM 系统的评估与测试，不断提高、优化其性能。

（三）企业资源计划模式

企业资源计划（Enterprise Resource Planning，ERP）系统是集企业经营理念、业务流程、基础数据、人力物力、计算机设施等于一体的企业资源管理系统。当前，随着电子商务的普及，企业之间的竞争也越发激烈，应该准确、实时地掌握自身的资源状况，并对其进行最优的配置，以满足不断变化的国际市场需求，从而实现企业运营成本的控制和盈利目标。ERP 是一种先进的企业管理方式，可以为企业带来更大的经济效益。它的首要目标是全面掌握企业拥有的人、财、物、信息、时间和空间等综合资源，并根据自身需要进行全面的均衡与优化，对企业的各个管理部门进行协调，以市场为导向，以提升企业的核心竞争能力，从而获得最佳的经济效果。

ERP 系统的管理思想重在实现对整个供应链的有效管理，而不是单独某个环节的管理，具体体现在以下三点。

1. 体现对整个供应链资源进行管理的思想

在知识经济时代，单靠企业自身的资源已经不能使其在激烈的竞争中获得优势，还需要对供应商、生产厂家、分销网络、客户等相关方进行整合，将其归于一个环环相扣的供应链中，使企业的产、供、销活动可以高效运转，从而使企业充分调动社会上的所有市场资源，迅速、高效地开展生产经营，提高运作效率，增加竞争优势。可见，ERP 系统能够有效地管理整个企业的供应链，满足企业在知识经济时代的市场竞争需求。

2. 体现精益生产和敏捷制造的思想

ERP 是一种支持混合生产的模式，主要体现在“精益生产”和“敏捷制造”两方面的管理思想。首先，“精益生产”的思想理念。当企业按照大量的生产模式进行生产时，把客户、销售代理商、供应商和协作单位联系在一起，整合到生产系统中。企业同它们之间的关系不再是商业上的交易关系，而是有着共同的利益合作伙伴关系，共同构成企业的供应链。其次，“敏捷制造”的思想理念。在市场变动、企业面临特殊的市场和产品需要时，企业以往的供应商无法适应新产品的研发与制造，就会第一时间组织一个由特定的供应商和销售渠道组成的短期或一次性供应链，相当于一个“虚拟工厂”，多条生产线共同进行，以最快的速度将新的产品推向市场，使其始终保持高质量、多样化和灵活性，这正是“敏捷制造”的精髓所在。

3. 体现集成管理思想

ERP 系统的理想状态是可以整合客户关系管理软件和供应链管理软件，使其发挥集成作用，为企业提供一个完整的电子商务解决方案。ERP 将企业的经营活动划分为多个节点组成的业务过程，通过这些节点，可以清晰地界定它们的职责范围，也正是这些节点的无缝连接，使信息全面共享、业务顺畅运转。因此，企业推行 ERP 系统，其根本目的不仅仅引入一种现代的信息化管理体系，关键是利用 ERP 系统对其进行业务重组和优化，实现生产管理的精细化与集约化，从而缩短生产周期，降低产品成本，快速响应客户需求，为其提供更优质的服务。

（四）协同制造模式

协同制造（Collaborative Production Commerce，CPC）是 21 世纪比较流行的现代制造方式，是敏捷制造、协同商务、智能制造、云制造等领域的重要组成部分。CPC 是指在网络技术的基础上，打破时间和空间的限制，实现供应链中的客户、设计、生产、经营信息的共享。CPC 模式就是改变以往的串联作业模式，采用并行作业，在供应链内部和供应链之间进行企业产品设计、生产、管理、服务等一系列的合作生产，这样能节省大量的人力和物力，使资源利用最大化。

1. CPC 模式的价值

CPC 模式可以不用大量积压生产原料或物料，通过快速、有效地在企业内各个工厂、仓库之间调配原材料、设备、人员等，缩短订单的交货时间，使企业生产更具有灵活性；实现对生产计划、生产过程、产品流转等的可见性，将企业的整个制造过程毫无遗漏地监管起来；实现从设计、配置到测试、使用等整个制造流程的管理并持续改进，极大地节省执行费用、过程维护和改进的费用。

2. CPC 的层次

（1）企业内部各部门或系统之间的协同

为了防止在生产过程中产生信息闭塞现象，必须对企业内部不同的生产要素进行有效协调。许多制造业企业在发展过程中，会逐渐采用各种系统，以满足各种需要，例如，许多企业都有仓库管理系统、生产管理系统、质量管理系统、设备维护维修系统、人工管理系统、试验及测试系统等。随着企业规模的扩大，对系统间的互联需求也在不断提高，也即对系统间的协作能力提出了更高的要求。

（2）企业内各个工厂之间的 CPC

在中小型企业中，可能每家下属工厂都是单独运营的，它们各自拥有各自的生产执行体系，或是使用一种生产执行体系来控制整个工厂的运营。然而，随着企业规模的扩大，企业中各厂家间的信息交换日益频繁，对实时性的需求也日益提高，CPC 将使企业内部的信息传递方式更加简便，实现了企业内部不同工厂间信息的集合。不同于传统的手工传递和统计信息方式，在 CPC 管理信息流程中，企业内部的各个工厂将不再是一个单独的控制环，而是一个整体的控制环。

（3）以供应链为基础的 CPC

目前，企业的发展已不是一个企业自身的独立经营，而是与其他的企业相互依存、相互合作、相互竞争。因此，CPC 还体现为多个企业间所形成的供应链之间的 CPC。

二、外部运营模式

电子商务外部运营模式是部分内部运营模式系统与合作伙伴、供应商、服务提供商等企业系统的端到端的集成。

（一）外部运营模式分类

在互联网经济飞速发展的今天，电子商务外部运营模式不断创新，比较常见的有综合交易商城、垂直电商网站、借助第三方平台交易、服务支持型网站、宣传展示型网站等类型。

1. 综合交易商城

电子商务综合交易商城是一种与线下实体大商场类似的为企业或个人提供产品交易服务的综合性商品交易平台。综合交易商城一般包括平台式和自营式两种类型。

平台式综合商城是一个提供网上交易洽谈的平台，为企业或个人进行网络交易、洽谈，建立一个虚拟的商业网络空间和商务运营保障，以吸引商家入驻。同时商家也可以充分利用电子商务平台提供的网络基础设施、支付平台、安全平台、管理平台等资源，高效、低成本地进行商务运作。这种商城一般都拥有庞大的用户群、稳定的网站平台、完善的支付系统、完善的安全体系，商城本身并不出售任何商品，而是为消费者和企业提供完善的销售配套服务。

自营式综合商场是指企业在网上建立一个购物商城，对所经营的商品进行统一的生产、采购、展示、交易，再由物流配送将产品送至终端消费者。从产品开始上线到最终交到消费者手中的整个过程没有第三方加入，这是自营式综合商场的典型特征。

2. 垂直电商网站

垂直电商网站是一种以某一特定产业或某一特定领域进行深度经营的电子商务模式，垂直电商网站旗下的商品均为同类产品。

垂直电商的优势是集中和专业化，可以为客户提供更多的个性化服务，也可以满足特定客户的特殊需求，从而更易于获得客户的信赖。由此，便产生了品牌效应，创造出了独一无二的品牌价值。

目前，国内已经有不少发展比较成熟的、具有垂直化特征的网络交易平台。但是，单一的垂直化产品并不能完全满足客户的多元化需求，消费者最看重的并不仅仅是集中陈列某类商品和价格优势，而是提供更加专业的服务。

3. 借助第三方交易平台

在众多传统企业中，利用第三方交易平台进行电子商务活动是一种重要的经营方式。由于电子商务与线下的实体店经营方式有很大差别，传统的企业在网络上进行产品推广以获取商机为一个新的挑战。那么，借助第三方交易平台进行网上交易，可以在充分利用传统企业资源优势的基础上，减少使用成本，从而为企业带来更大的收益。

4. 服务支持型网站

服务支持型网站是保障电子商务活动中的一个关键部分，其作用是为电子商务中的各个环节提供支持，包括提供便捷电子支付、优化搜索引擎、产品推广、软件运营、跟踪物流订单等各项服务。

大家熟知的最典型的服务支持型网站就是支付宝，它是一家专门为消费者提供“简单、安全、快捷”的支付服务的网站，其中涉及网购担保交易、网络支付、各类转账、生活服务、个人理财等多个服务板块。

5. 宣传展示型网站

网络时代为更多的企业和政府机构搭建了一个更加广阔的宣传平台。宣传展示型网站既不需要大量的数据库，也不需要复杂的功能模块，其目标是以最小的成本实现广告宣传的目的；提升企业和政府部门的影响力，使访问者能够更好地了解他们的产品和服务，并且通过在线交流方式进行有效的网络沟通。

综上所述，电子商务的发展是一个在变化中不断创新的过程，在具体实施过程中，可以根据需要灵活地改变这些电子商务外部运营模式，使其能够适应不同的企业和市场情况，采取一种或多种经营方式。比如，传统企业开展电子商务活动，既可以建立自己的交易网站，也可以通过第三方的交易平台进行交易。同时，垂直电商平台也可以向综合交易平台转变。平台式和自营式综合商场既可以互相转化，也可以同时发展。

（二）外部运营管理的内容组成

电子商务外部运营管理是以支持企业外部经营模式高效运行为目标的综合管理活动。企业的外部运营管理，需要各方面的人才，既需要具备电子商务网络技术的技术型人员，又离不开具备先进的电子商务经营理念的商务人员。

1. 电子商务网站系统运营管理

电子商务网站系统的运营管理，旨在为企业提供一个安全、高效的网上交易平台。网站系统运营首先要有明确的定位、目标、发展战略，然后制定具体的网站建设规划，进一步进行网站用户分析以掌握其需求变化，注重网站优化与推广，保障网站流量和搜索引擎的排名。一般来说，电子商务网站系统运营管理一般包括四项基本内容。

（1）网站规划

网站规划是基于电子商务应用和网站用户的需要，运用现代信息技术对管理决策的总体方案进行落实的过程。网站规划与设计体现了管理与技术的融合，网站策划人的洞察力、创新力、务实精神是决定网站策划成功的重要因素。

网站规划的首要任务是对企业的发展目标、发展策略进行调研，评估现有网站的功能、环境、应用情况，并据此制定网站的总体战略目标和相关政策；确定系统和应用程序的开发顺序和进度，明确实现开发计划所需要的软硬件、技术人员以及整个系统的总体建设预算，分别进行可行性论证后，才可以全面开发实施。

（2）网站优化

网站优化的目标就是使网站更容易被搜索引擎收录，从而提升用户的使用体验和转化效率，为网站带来更多的效益。通常情况下，网站优化分为站内优化和站外推广。站内优化就是利用搜索引擎优化技术，对网站的关键词、结构、网页内容等进行优化，提高网站在搜索引擎中的亲和力和排名，提升站点的用户体验，获得良好的客户转化率；站外推广就是指对网站及其所属企业进行品牌推广，主要是通过一些大型搜索引擎和门户网站进行推广。

（3）网站更新与维护

要保持网站的长期稳定运营，网站更新与维护工作就显得尤为重要：要不断地更新网站的内容，以确保网站的活力和吸引更多的访客；对服务器和有关的软硬件进行维护，并对故障进行分析；维护和合理使用数据库是维护网站的一项重要工作；制定有关网站维护的规章制度，使网站维护制度化、规范化；做好网站的安全管理，防止网站被黑客入侵，定期检查网站的各个功能、链接是否存在错误等。

（4）网页设计

网页设计是基于企业想要传达给用户的信息做好网站的功能规划，再采用与之相适宜的颜色、字体、图片、风格等对网页进行美化，在有限的功能条件下，尽量给使用者最好的视觉体验。一些比较前沿的网页设计还有可能会通过声光、交互等方式来达到更好的视听效果。网站是一种广告媒体，网页设计精美有吸引力，是提高企业网络品牌形象的关键。

2. 电子商务平台的运营管理

电子商务平台是一个为企业和个人进行在线交易和谈判服务的平台。电子商务平台可细划为交易平台、信息平台、支付平台等类型。电子商务平台的经营与管理，是指对其进行服务设计与开发活动的管理，并对其相关的业务过程进行协调与控制。

3. 电子商务应用业务运营管理

电子商务应用业务运营管理就是在网络环境中，保障电子商务的各项业务顺利运行，从而为用户提供有效的产品和服务，为企业带来更大的价值。具体包括下列内容。

（1）供应链管理

供应链管理是对整个供应链系统进行规划、协调、操作、控制和优化的综合管理理念和方法，使企业在适当的时间和地点，以最低的价格和正确的数量与质量来制造、出售产品。随着计算机技术和互联网的发展，供应商、客户、流通中心、配送中心等各个环节都可以进行即时的信息交流和信息传递，从而使各企业在供应链上的合作更加紧密。总之，企业如何保障电子商务供应链高效地运行，直接关系到企业的电子商务活动能否正常运转。

（2）质量管理

由于其无可比拟的优越性，电子商务获得了越来越多的认同，并得到了广泛使用。电子商务的质量管理分为供应链质量管理、产品质量管理、服务质量管理三个方面。

供应链质量管理要将整条供应链上下游间的物料品质与存货的关系有机地结合起来，以确保原材料的品质。产品质量管理应确保所售商品的品质和安全性，并与顾客建立可重复的商业关系。由于电子商务的虚拟性，消费者不能亲眼看见商品的真实样貌，只凭网页上的商品简介和图片就要做出购买的决策，其风险要大于直接接触商品的传统市场，所以，对产品的品质控制是非常关键的。服务质量管理是指电子商务中的服务品质与传统的服务品质存在一定的相似之处，优质的服务可以提高顾客的购买体验。因此，应用电子商务的企业要注重品质管理，为客户提供符合规定且满足其需求的产品和服务。

（3）采购管理

为了及时、高效地提供顾客所需的产品和服务，企业在电子商务运营中不排除会从其他供应商那里采购产品和服务。采购管理是指对从计划确立、采购单生成、采购单执行、到货接收、检验入库、采购发票的收集到采购结算活动的全过程进行严格的跟踪和监控采购，不漏掉每个环节。采购管理使采购的实施流程更加系统化、流程化，从而提高采购工作的效率。

（4）网络营销管理

网络营销管理就是对网上销售实施有效的经营与管理方法，以发挥其作用，从而最大限度将网络资源与企业资源进行整合。网络营销管理的基本功能有网络品牌管理、网络推广管理、信息发布管理、在线客户关系管理，在线客户服务管理、在线销售管理、在线营销调查管理等。网络营销管理是网络营销的一个重要组成部分，网络营销的各个环节和功能都涉及了各种特定的网络营销管理内容。在不同的电子商务阶段，网络营销管理的目标和实施方式也不尽相同，需要更科学、更前沿、更有创意的网上销售管理知识。

（5）库存管理

由于大多数企业的电子商务活动都是以实物商品为对象，必须对其在经营过程中的存货进行管理，包括入库、出库、库存等。在电子商务中，库存可以分成两大类：一种是要再加工的库存，如原料等；另一种是消费者可以直接使用的最终产品。电子商务下的库存管理是把供应商、客户和生产企业结合在一起，在最短时间内将全国各地的存货汇集到一起，从而实现快速的信息传输，加快物流和资金的流通，节省操作费用，提升存货流转率。

（6）仓储与配送管理

一般情况下，当顾客在线上完成购物后，企业还要把商品分派给顾客，而配送的快慢则会直接影响顾客的购买体验。因此，许多企业十分重视商品的仓储与配送管理。仓储配送管理的主要内容包括仓储与配送策略选择、仓储中心设计、仓储运作管理、配送方案设计、配送网络设计、配送线路优化、配送信息管理等。目前，国内很多大型电商已经实现了仓储、配送环节的一体化，而且实现了当天或次日达的配送，这无疑是企业的一项核心优势。

（7）订单执行

订单执行是指订单的接受、处理优化、物品拣选、订单整合和打包的过程。在物流配送中心的作用下，订单的完成情况将直接影响到订单的执行效率和准确性，从而影响到顾客的购物体验和满意度。

（8）售后服务管理

售后服务是指企业在向顾客销售产品之后，向顾客提供的包括产品介绍、送货、退换、维修、上门服务、咨询等在内的一系列服务。当今，在激烈的市场竞争中，消费者的权利意识不断提高，消费理念也发生了改变。消费者在购买商品时，不再只注重商品本身，而是增加了对产品售后服务的关注。因此，企业必须树立“以诚为本”的经营理念和强烈的客户服务意识，既能为顾客提供优质的产品，又能为其提供完善的售后服务。

第三节　电子商务对企业财务管理的影响

在我国，企业作为社会主义市场经济的重要组成部分具有举足轻重的地位，而在经营过程中，企业的财务管理制度对其管理具有直接或间接的影响。电子商务是互联网时代的一种新型商业模式，它在改变整个市场的同时，也在极大地影响着企业的经营管理，而企业的财务管理自然也包括在内。

一、财务管理环境的变化

财务环境是指企业在财务管理活动中所处的特定空间和时间。财务环境所涵盖的范围比较宽泛，从宏观上讲，主要有企业资金所面临的社会政治、社会经济、社会文化和法律等方面的大环境；从微观上讲，主要有企业经营规模、组织形式、管理体制和水平等方面的自身环境。对于所有企业而言，大家所处的宏观环境基本一致，但其微观环境各有千秋。

财务管理理论研究随着财务管理环境的不断变化而发展。财务管理环境是财务管理理论目标、内容、方法等方面的研究基础，因此，要研究财务管理，首先要从分析财务管理环境开始。随着电子商务逐渐蔓延到社会的各个领域，企业的经营环境也在变化，而财务管理理论也发生变革。

物竞天择，适者生存。只有那些适应环境变化的群体，才能在生物链中生存下来。不管任何企业，企业都面临着优胜劣汰的问题，只有不断地适应大环境才能得到长久的发展。任何新的环境都既有困难也有机会。在金融环境不断改变的情况下，财务人员若能掌握好，则会为企业创造更多的收益。电子商务化不断冲击着企业财务管理内部和外部的环境并使其不断改变，尤其是外部环境，对其影响主要体现在以下几个方面。

（一）由广泛性向个性化转变

以往传统的企业大多更重视规模性的生产，这主要是为了把优势资源聚集起来，节省成本支出。然而，现在电子商务的迅猛发展，使原本产量过高的产品无法适应市场对多元化、个性化的需求。人们的消费观念越来越倾向于个性化，总是在不断地寻求独特的产品。因此，面对不断变化的市场需求，生产企业必须迅速响应，通过持续地向客户提供独特、个性化的产品来保持自身的稳定发展。

（二）由产品核心向顾客核心转变

就以往来看，企业都是以产品为核心，企业与企业的竞争主要是产品的较量，人们总是在考虑怎样使相同、集中的生产线利用率最高，效率最快，以便能生产出更多同质化的产品，进而减少企业成本，得到高额回报。而就目前来看，企业更注重的是在满足客户的个性化服务和多样化需求的同时，减少生产成本并获取利润。顾客忠诚度的维护是一个企业拥有长久竞争优势的关键，而要做到这一点不仅需要有高质量的产品，还需要信息技术的支持。如何将不断变化的客户信息及时、准确掌握并进行需求分析，对于电子商务背景下的企业来说已越发重要，只有了解的客户需求，企业才能有针对性地改进和提升产品品质，及时调整自身的销售模式和策略，以获得竞争优势并稳定发展。

（三）由人力、物力、财力向信息资源转变

过去，企业与企业之间的竞争除了以产品为主，还包括人力、物力、财力方面的竞争。而在知识经济占主导地位的今天，企业若

想使自身的竞争力更具优势，就必须有及时、精确的信息资源。信息化建设是市场经济发展的必然要求，信息化管理创新既关乎企业的效益，又关乎企业的生存。一旦企业在信息化建设方面丧失了自身的优势，必然会被市场所淘汰。

（四）由孤军奋战向供应链、企业联盟转变

在全球经济一体化、科技飞速发展的今天，许多企业都已经认识到孤军奋战难以在激烈的市场中存活与发展。随着越来越多的企业逐渐调整经营战略来应对这种大环境下的竞争关系，各个企业之间的竞争也由相互对抗逐渐转向相互协作。而且，随着网络技术的不断提高和电子商务的持续发展，使企业之间的协作和联合更为方便和高效。

传统的产品流通渠道需要从供应商到分销商再到销售商，而在电子商务环境下可以从供应商直接到经销商，不再有分销通道的需求。网络为供货渠道、物流渠道和销售渠道三者紧密联合起来提供了极大的便利，使在线贸易得到有效改善。企业的业务行为不仅仅局限于销售产品，而更多地涉及与供应链、联盟以及客户的关系维护。

（五）由抢占本土市场份额向国际市场份额转变

改革开放早期，在中国还没有加入 WTO 时，由于受国内发展的限制，我国大部分企业一直处于封闭状态，由于无法吸取更多的先进技术，致使很多企业陷入停滞不前的困境。中国加入 WTO 之后，随着与世界各国技术、经贸关系逐步深化，大量的技术、装备被引进，为加快我国产业的迅速发展奠定了基础。通过引入充足的资本、先进的技术和管理经验使我国的传统产业改革步伐逐渐加快，并且不断产生新的突破。与此同时，一些外资企业和产品的准入条件也得到了放松，这在一定程度上激发了国内企业的危机意

识，从而使市场的竞争格局由原来小规模的市场竞争扩展到了全球性的市场竞争。并且，越来越多的企业也在努力提升生产力和国际竞争能力。而随着电子商务的发展，也为企业拓展海外市场提供了更便利的条件，它们不再局限于国内的市场份额，纷纷开始向国际迈进。

（六）由规模至上向速度至上转变

在传统的工业化时代，规模效益是决定企业能否取得成功的重要条件。企业往往需要扩大规模，增加产量，来降低企业的长期平均成本。由于各行业的技术特点不同，与大企业的经济规模形式也不尽相同。但是，随着电子商务的出现，人们的消费要求多元化和个性化，并且开始崇尚快消费，速度经济逐渐替代了原有的规模经济。在电子商务背景下，迅速获取信息资源可以使企业在多变的市场竞争中快速占据优势，掌握主动并率先取得成功。

（七）财务管理更加依赖信息技术

在信息化的今天，企业的经营管理方式也随着科技的发展，在发生着变化。财务管理作为企业经营管理中的一个关键环节，不可避免地会随之改变。而在电子商务背景下，现代财务管理对信息化的依赖程度不断加强，其具体体现在三个层面：一是以信息科技为依托，现代企业已建立起一条由多个企业联合而成的价值链。在进行筹资、投资和收益决策时，企业将不再只是一个独立的决策单元，而将成为整个价值链中的一个重要组成部分。二是由于信息科技的发展，促使新的经营管理活动产生，例如全面预算管理、资金集中管理、物流管理等，这些都对财务管理提出了更高的要求。三是信息科技可以增进银行、税务、金融市场等与企业利益相关机构之间的信息交流，使财务管理的范畴由企业延伸至相关利益团体，例如税收管理、银行结算管理等都是企业财务管理的一个重要环节，这样就可以使财务管理体系构建起来。企业财务管理系统只有通过把自身的业务与互联网资源进行整合，才能真正走出依靠单一渠道获取订单的“误区”，只有通过电子商务产业链，才能使企业打破常规，开拓出互联网生存新局面。

总的来说，财务管理环境是构建财务管理体系的重要基础，是对财务管理系统有影响作用的一切因素的总和。所以，对电子商务环境下的财务管理的研究就要以此为出发点。在电子商务背景下，财务管理环境产生了颠覆性的变化，不但越来越灵活、越来越迅速，甚至有些让人越来越费解。面对如此多的变化，财务管理人员应及时调整对应策略，通过不断探索创新，加强延伸和扩展，提升自我专业能力，审时度势，以应对这种多变的情况。

二、财务管理目标的不同

财务管理目标是衡量企业所有财务行为的合理性的根本依据，是企业进行任何活动的出发点和落脚点，同时也是对企业的经营目标进行财务上的概括和总结。建立健全的财务管理目标体系是保证企业经营顺利进行的重要前提，只有财务管理目标清晰、合理，才能更好地完成财务管理工作。所以，企业在进行财务管理时，要从我国国情出发，将自身实际情况与市场经济的需要相结合，合理地选择和确立财务管理目标。

在传统的会计理论中，财务管理目标就是使股东的财富达到最大化，或是企业的利益达到最大化。股东财富达到最大化具体是说通过在财务上进行合理的运作，使企业的所有者获得更多的财富，从而达到企业财务管理的目标。毋庸置疑，这是一种正面的影响。而企业的利益最大化则是利用最佳的财务融资架构，将资本的时间价值、风险、收益等的关系把握好，进而实现企业的最大利益。这一目标的突出特征在于充分地反映企业的利益相关方以及企业的社会责任在企业的财务管理目标中所起到的作用。

在信息化的今天，由于电子商务的飞速发展，财务管理的目标仍然局限在股东财富和企业利益的最大化上，就会显得有些力不从心。由于企业的利益主体已改变，仅从股东的角度去考虑，势必会引发其他利益关系人的不满，从而产生一系列的矛盾与冲突，最终会对企业的总体利益产生一定的冲击。在信息化的今天，资源共享越来越广泛，信息的迅速传递让企业承担起了更大的社会责任，许多企业都在寻求绿色管理与经营。此外，电子商务的发展依靠科技的支撑，而科技的发展依靠以环境为基础的经济的发展。当今社会，人们愈加注重环保，但是在经营管理上，必须把环保问题纳入考量，从企业的社会责任感出发，坚持可持续发展的道路，才能让企业的发展更加长久。因此，在企业的经营目标中，既要兼顾股东的权益，又要兼顾企业的整体效益，还要兼顾企业的社会责任和环保的重要性。

电子商务的财务管理不是单纯地把商务电子化，而是在以往的基础上有了更高的追求。传统的财务管理以企业和股东的利益为目标，而以客户为中心的电子商务的财务管理，其目标就是要客户和企业共赢，甚至客户的利益高于其他。由于传统的财务经营以股东的收益为基础，所以在经营活动中更注重短期和中期的收益，但是，电子商务的财务管理目标则是企业的长期发展任务，因此，在做商业决策时，更注重企业的长远收益。

具体而言，主流的电子商务理念是：只有在经营过程中始终以客户体验为指导，满足客户的需要，这样才能得到最大限度的市场认同，实现企业的迅速发展。所以，在电子商务的财务管理中，常常把成本控制带来的收益让给客户，以“客户中心论”为指导，探讨将“单一客户利润”控制在什么范围，才能快速抢占市场，实现企业的整体利润最大化。另外，企业能否长久地生存下去，取决于其能否长远受益，而传统的财务管理理论在实际运用中所发挥的水平是由管理者的水平来制约的，因此，管理者的眼光则是决定企业能否长久生存下去的关键因素。但是，电子商务的财务管理则是利用高水平的信息技术将企业的历史财务数据与现有的财务数据进行有效的整合，通过对大量数据进行分析，使决策人员在决策过程中做出客观、有效、长远的决策，进而使企业的长期发展目标得以更好的实现。

信息化时代的到来，使许多企业利用电子商务平台与客户建立良好的关系，并能够最大限度地实现客户的需求以及企业之间的合作，进而使企业的发展得到更好的助力。对于如何运用电子商务平台开展客户关系管理，主要有两个方面：一方面是建设以客户为中心的电子商务网站。许多现代企业，为了改善客户的服务品质，都在通过电子商务平台与客户进行沟通，例如一些企业在提供客户服务方面，都是通过网络，用 QQ、微信等即时聊天工具。这些工具不但可以帮助企业更好地了解客户的需求和兴趣，而且可以极大地改进和提升客户服务品质，增进企业与客户之间的交流，让客户以最高效的方式尽快了解、相信和认同企业，进而有意愿地与企业达成合作。另一方面是构建完善的后台客户资料管理体系。为使企业更好地了解客户的需求和兴趣，并与客户建立起良好的合作关系，就需要对客户的相关资料进行更全面的收集和整理，这样才能更好地进行计划和组织，并进一步对客户资源进行开发或挽留。顾客至上的经营思想一定要贯彻到企业的整体经营中，其中也必然包含财务管理方面。因此，财务管理的目标也是以客户为中心确立的。

总的来说，在电子商务背景下，企业财务管理的目标更加宽泛，不仅要兼顾股东和各利益相关方的利益，在盈利的同时，还要有相应的社会责任担当。

（一）企业价值与社会价值的融合

财务目标应使企业价值与社会价值都达到最大化。财务管理的目标与企业的经营目标相适应，因此，财务管理与企业经营的目标是统一的。现代社会中，企业要想在市场上取得更大的发展，除了保持利润增长，还要肩负起一定的社会责任。在维护资源和环境方面，企业要主动配合政府工作，以实现自身的社会价值。

目前，随着电子商务的发展，人们对环保的关注和对企业声誉的关注也日益增加。网络让赞美得以传播，但负面新闻更容易传播。因此，在电子商务时代，企业应该更重视自身的形象与信誉，并主动地担负起相应的社会责任，从而获得客户的信赖，这也能使企业的价值最大化。因此，社会价值能够推动企业价值的实现，二者互为补充。

（二）协调好利益相关者的利益

利益相关者包括股东、客户和知识资本所有者。在电子商务背景下，企业的核心始终围绕客户需求，企业的主要利润来自客户，为此就应建设一个以客户为中心的电子商务平台，完善后台客户管理体系，并进一步落实客户开发和挽留方案，以最大限度达到客户的要求。这种客户关系处理方法促使企业与客户建立起较好的伙伴关系，这样既能推动企业的稳定发展，又能使客户利益得到满足。而这种经营管理方式也是企业迈向现代化的一个重要特征。

电子商务背景下的财务管理目标与以往有所不同，其是为了建立一个多层次互补的目标系统。这一目标体系的首要任务是优先保证客户利益，之后是保证知识资本所有者的利益，随着科技的飞速发展，知识资本所有者已经是企业的骨干力量，他们在企业的发展过程中有着不容小觑的贡献，因此，他们的利益也要得到充分的体现，这样才能有更大的积极性为企业工作。最后，企业作为社会构成的重要部分，理应实现其社会价值。实际上，社会中的每个人、每个企业都应该为社会的发展做出自己的贡献。由于信息化时代的今天，信息传播速度极快，企业需要让自己的社会价值被更多人知道，才能获得更高的认可度，从而使企业自身价值得到提高。

三、财务研究对象的变化

在传统企业的经营过程中，商品的价值形态会随着商品的运动从一种形态转变为另一种形态，在此变化过程中就产生了资金的运动。所以，企业的生产经营活动既包括商品的运动，又包括资金的运动。而资金的运动是传统财务管理的主要研究对象。

在电子商务时代，企业、供应商、客户之间的交易大多是通过网络进行的，相关的商业数据和财务信息也会在网络上留下记录。这就导致与企业相关的财务和物流等方面的信息在网上清晰地呈现，使财务管理研究对象的范围更为广泛，除了包括商品和资金的运动，还包括财务、业务的协同管理，以及相应的信息资源管理。并且，财务管理研究对象的重点更多地体现在电子商务活动中，产生大量的信息。

四、电子商务环境下的财务管理内容的变化

在现代信息社会，知识资本、专利技术、人力资源等是影响企业发展、促进经济增速的重要因素。在电子商务中，知识资本、人力资源等无形资产的大量投资是企业资本结构变化的重要原因。在此背景下，企业财务管理的重心也应朝着知识经济、人才资源等无形资产的方向发展。同时，随着经济的大融合与全球化，企业的业务范围也在逐渐扩大，企业的财务管理环境也从单一区域扩展至更大的范围，企业之间的运营竞争更加激烈，经营风险也随之增加，而财务管理是企业管理的一个重要环节，所涉及的风险势必会相应增加。因此，电子商务背景下的财务管理要对风险管理给予更多的关注。

（一）无形资产成为财务管理的主要内容

在传统的工业化时期，企业在人力、土地、资金、原材料等方面的资源是最多的，而知识、技术等都是外来的资源。在现代科学技术飞速发展的今天，技术、管理等无形资产对企业的经济发展、经济效益的影响日益明显。在激励理论的基础上，企业内部的技术人才、管理人才和员工等人力资源都可以成为企业的资本因素参与利润分配。同时，在企业的财务管理中，无形资产也扮演着举足轻重的角色。

1. 企业筹资中无形资产的作用

企业融资是每家新企业或持续经营中的企业随时都要面对的财务问题。无论是为了建立新企业、维持生产和经营活动，还是为了扩大对外投资或者偿还债务等，企业都必须持续筹集和融通资金。在现有的融资模式下，若为创业融资，则可以采用发起人的无形资产来吸收投资取得企业的权益资本。如果是在企业运营期间进行融资，可以将土地使用权、商标权、专利权、著作权等资产作为抵押获得贷款，也可以通过与外资合资或合伙的形式，吸收其他企业的有形或无形资产，或以特许经营的形式，获得特许方先进的管理经验、商标和营销网络等资源，降低进入市场的费用。可见，无形资产为企业融资提供了更多的途径。

2. 对外投资活动中无形资产的作用

对外投资是指企业为了追求利润、获取控制权或谋求管理及财务协同效应所进行的一种金融行为。企业的对外投资可以分为有形资产和无形资产两种，其中无形资产发挥着重要作用。

3. 企业分配中无形资产的作用

利润分配是指投资者将企业的税后净利润重新分配，这不仅会影响投资者的投资热情，还会对企业本身的资本结构和再融资能力产生一定影响。品牌、技术、管理诀窍、计算机软件、营销网络等无形资产均能转换成资本因素进行投资，比如一些高科技企业，在还没有开始正式运作时，技术就可以资本的形式投入企业；在国外和我国近年的金融实践中，可以根据经营者业绩进行股权激励，实现企业收益的共享。这一切都表明，参与到企业利益分配中的资本要素正在不断地增加，而最突出的就是无形资本因素也在扮演着重要角色。

（二）电子商务财务管理中的风险管理

在信息化时代，由于企业内部和外部的经营环境发生了巨大的变化，在电子商务的背景下，企业所面临的风险也随之发生了变化。比如，企业在运用信息技术的过程中，会遇到操作不熟练的经营风险和财务上的风险。在电子商务的背景下，企业必须充分认识到这种风险，采取有效的风险管理应对措施，并在此基础上不断改进财务管理。

五、财务管理组织结构的变化

传统企业的财务管理组织结构较为松散，财务人员的岗位权力比较大，可以根据自身需要设定不同的职位，使其能够胜任自己的工作，而且总企业通常不会干预下属分支机构的财务运作状况。这种分散化的财务管理方式，势必会影响到它的迅速响应和应变能力，很难适应不断变化的企业内部和外部环境，尤其是在信息迅速传播的电子商务时代，人们希望有一支高效率、灵活应变的财务管理队伍。所以，电子商务环境下要适应新的市场变化，必须对企业内部的财务管理组织结构进行适当调整。

在电子商务时代，互联网的运作方式完全改变了以往商业运作受时间和空间限制的局面。企业的各个合作方、内部各个组织之间的交流沟通，均可利用即时通信软件或电子邮件系统进行有效、快捷的沟通。同时，还可以利用大型主站服务器对各方数据进行实时、动态的分享。企业为了处理大量的企业财务数据，常常在集团总部建立一个功能强大的主站服务器。企业下属各分支机构通过局域网或互联网向主机发送财务信息数据，并与主站强大的财务管理系统连接，主站能够实现财务分析、财务报表自动发布、预算编制，以及对下属单位的财务情况进行远程审核。各级主管部门根据自己的职权，可以从不同程度访问、编辑财务系统。如此一来，企业通过一系列的信息化财务运作，既能节省大量的人力、物力、财力，又能大大提高企业的财务管理效率。

需要注意的是，在传输财务资料时，存在企业的商业秘密被泄露的隐患。所以，在接入互联网时，必须采取有力的安全措施，内部和外部网络必须进行有效的物理隔离，并且要特别注意主站服务器的安全，防止出现信息泄露的情况。

六、财务管理业务流程的变化

传统的企业财务管理通常是以日常经营活动为基础，进行直接记录。首先将原始的记录资料装订成册，形成记账凭证；其次按凭证登记入账；最后依据这些账册制作出一份财务报告。管理会计将已有的数据用固定的公式、模型，计算出相关的参数，用于指导和改进未来的经营。传统的财务管理一般按照财务预测、财务决策、财务预算、财务控制、财务分析等流程依次进行。

随着电子商务的发展，处于该背景下的财务管理业务流程也随之发生了改变，其在传统业务流程的基础上有了更加多元化的发展。具体主要表现在四个方面：首先，企业内部的各个不同业务环节相互产生关联，如以互联网为依托的资金准备、采购、预算控制、销售等环节；其次，企业与其相关供应链之间协同合作，如通过互联网询价、下订单、催账等流程；再次，企业与客户之间的协同，如通过互联网下订单、支付款项等；最后，企业与社会相关部门之间的协同互助，如通过互联网进行年检、报税、报关、核对账目等业务往来。另外，企业在经营过程中相关的物流、资金流、信息流等要与生产环节同步进行，这样不但能使工作效率更高，还能使出错率更少，为了使电子商务环境下的企业效益达到最大化，就必须通过业务流程再造和会计流程优化来实现。

第五章　电子商务环境下的财务运作

第一节　电子商务开启全新的商务模式

一、电子商务是信息化社会的一种商务模式

自从人类进入了工业文明以来，最大的成就就是商业发展。人类社会在长期的发展过程中，商业活动与科学发展的脚步紧密联系在一起，经过以物易物、以一般等价物易物、以货币易物的不同方式，其独特的魅力伴随着人类度过了漫长的几千年。

由于社会的不断变迁和科技的快速发展，人类的商品流通形式也在不断地改变。当前，作为一种新兴的贸易形式，电子商务在世界范围内迅速蔓延，对人们的思维模式和行为模式都造成了极大的冲击。并且，互联网为人们提供了一个崭新的资讯世界。在这里，大家通过电子信息交换邮件、写作、阅读、讨论交流，甚至可以游戏、交友。而作为人类最基本和最广泛的沟通手段，商业活动也不可避免地会向这一领域蔓延，因此，利用电子信息进行网络业务的发展便应运而生。所以，电子商务是人类经济、科技和文化发展的必然结果，也是商业发展的必然趋势。

电子商务并没有人们想象的那么复杂、高不可攀，电子商务实际上就是通过网络进行的商业往来。任意企业或个体将其所经营的业务通过网络与其经销商、客户、合作伙伴等相互连接时，他们所产生的一系列活动往来都属于电子商务。

在整个人类的交往活动中，商业活动是最主要和最基本的一项。在任何一种商业交易中，买卖双方都要按照自己的需要进行交换，而每次交换都必然包括物资、资金以及信息之间的流通。这个规律是人们从初始的简单交易到现在复杂的商业往来一直所遵循的。但这样的商业往来改变的是什么呢？是这一贸易链上产生的新的联系，是物资流与资金流的日渐分离，是越来越突出的信息流作用。正是由于这种改变，使人们的贸易行为变得越来越丰富，也越来越复杂。它既带来了便利，又带来了新的风险，为了使这样的风险能够降到最低，人们就会尽量获取更多的信息，以此降低那些不确定因素，并利用信息对交易流程进行监督防范。

正是在这样的前提下，信息作为一种有效的规避风险的方法被越来越多的人重视起来。人们在最初采用的“以物换物”的交易模式下，货物的所有权转移是与货物的流动紧密相连的。随着货币的出现，成了人们之间交易的第一媒介，人们开始广泛采用金钱购买所需物品，但在这个时候往往是“一手交钱，一手交货”，而货物的所有权依然与其物资流密切相关。然而，随着社会的发展、生产力的提高，以及社会分工的逐渐出现，信息流开始凸显。专门从事货币中介和货币交易的机构出现，例如银行。由于这些机构的存在，物资与资金的流动逐渐分开，进而形成各种付款模式，包括在交易之前的预付、信用证担保付款，交易过程中的支票、汇票、托收付款，以及交易结束后的分期付款、延期付款等。这就使货物所有权发生转移，与物资流逐渐分离，在此种情形下，信息流的功能就显得愈加突出。由于这种分离会产生一定的风险，为了避免这种情况发生，需要尽可能多地收集信息。

随着电子信息技术和互联网的高度发展，电子媒介在生产、流通和消费中的应用也越来越广泛，但在交易过程中，人们的交易次序仍然不会改变，存在交易前、交易中和交易后的过程。只不过在这一过程中，人们进行沟通和交流的工具发生了变化，例如过去使用纸质单证，而现在则是采用电子单证。虽然这种变化看上去微不足道，但是我们也不能低估它，而应该清楚地认识到，生产工具的改变必然会导致生产方式的改变，就像机器的发展将原有手工业时代带到工业时代一样，而随着生产方式的变革必然会带来新的经济秩序。在此过程中，有些产业会出现，有些产业会衰落；有些商业方式会出现，有些商业方式会消失。而仅就交易的范畴而言，电子媒介通过改变中间机构进行货币中介服务的工具而使其工作方式发生了根本性改变，进而衍生出新的业务模式，甚至是新的中介机构。在此期间，最明显的特征就是信息流起着非常关键的作用，信息流能够从更高的层面上来控制整个商品的流动。因此，电子商务与当今世界日益发展的信息经济密不可分。

二、电子商务带来的商业变革

21 世纪将成为世界范围内的以计算机网络为中心的信息时代，其发展的显著特点就是网络化、数字化和信息化。就当前来看，全球经济一体化和网络化已是大势所趋，信息技术的不断提升和信息化建设，使资本经济逐渐向信息经济和知识经济转型，这也必将加速改变原有的贸易形式和经济格局，使世界范围内经济结构重新组合，加速我国经济发展的信息化进程。

（一）电子商务使商业行为产生重大改变

电子商务既是一种技术变革，也是商业活动自身的一次根本变革，是一场由技术支持、辅助、引导而达到的空前的商贸交流。它的出现，使商业行为发生了前所未有的变化，如买卖、谈判、售后服务等。消费者可以真正实现居家购物，而且在购物的时候，可以方便迅速地自主选择。计算机网络技术让商家可以根据顾客的需求来调整他们的产品和服务。通过电子商务的形式，世界各地数以亿计的互联网用户都可以通过网络变成商家的顾客或合伙人，而商家则可以通过这种方式全天方便、经济地发展新的潜在顾客。在线客服能够将顾客的问题即时传递给各个部门，并与现存的顾客信息体系整合。

（二）电子商务使企业组织结构关系重新组合

在过去的企业管理体制下，权力总是集中于上层级别，指令的传达和委派都是由上一层传递到下一层，由总的部门传递到其他分管部门。因此，不管是人员关系、职能所属，还是工作的顺序安排，都存在着明显的层级链条并严格地按此执行，而部门所做的决策也都是分割开的。这样就使信息的传达与处理速度缓慢，管理水平和效率不突出，组织机构的维持与沟通基本都是依靠这种层次结构以及与之对应的职务权力。但是，这种金字塔形的结构是工业时代的产物，在当前的网络环境下，这种层次的组织架构已经不能满足电子商务的需求。

信息化时代，计算机网络技术的应用打破了传统的信息传输与数据加工的限制，使每个人都可以作为网络中的一个节点，每个节点都可以与其他节点进行直接通信，没有必要透过层级结构来安排。层级结构体系已越来越模糊，员工相对于企业，不再单纯地被看作领导与被领导的关系，而是被看作在关系到企业各项事务能否成功上有同等重要性的人，层级结构逐渐分化并消除；旧的部门分割界限越来越模糊，由垂直主导的信息传递逐步过渡到以水平为主导的信息交流，由多个部门的平行工作代替原来的按顺序作业，以整体和系统化的视角和方式代替了原来的分割和独立的方式，以前的互相制约和信息不通畅也将会被信息共享和合作共赢所代替。而这种扁平化结构特征实际上已经重新界定了组织机构内部人员与职能之间的基本关系。人员组织始终以工作或任务为中心，不管是工作之间还是部门之间，都再也不会独立存在，也没有相互排斥的、固定的位置，而成为他人所能获取的资源。

（三）电子商务带来新的贸易组合模型

电子商务的出现完全转变了以往企业的观念，使设计、生产、销售等各个环节都重新组合，从而产生了“虚拟企业”。“虚似企业”代替了传统的批发、零售商家，是一个拥有研发、设计、销售和其他职能部门，但是没有或很少有任何制造设备的企业，它属于思想或者头脑上的企业，主要为各种各样的生产设施开发、设计新产品，为企业缩小规模。电子商务通过运用社会的力量，实现了企业职能的社会化，将传统的以企业制为主的大企业重新组合为具有明确社会性的专业化企业。在互联网经济的背景下，企业的竞争力不仅仅依赖企业本身规模的大小，而更多地依赖其能够调配和使用各种资源的能力。随着越来越激烈的全球竞争和物流网的全球化，大量企业在国际上展开了大规模的协作，并建立起了一个巨大的连锁企业网。所有的企业都会把顾客的需求作为其产品销售的重心。所以，企业实际上更多的是经营顾客而非经营产品。

此外，电子商务环境下的企业大多依托网络经济的高速发展，逐渐缩小规模、尽量分散化并与其他企业结成各种联盟关系，同时采用灵活的工作结构和分权管理而非以往的等级管理。新型企业更加柔性化，主要强调员工的主动性、创造力以及处理问题的能力等。相比过去，学会创新与灵活运用在当今的电子商务中扮演着更重要的角色。

因此，从根本上讲，电子商务并不是单纯的新型贸易形式，而是一种商业模式的转变，从企业的竞争和经营、政府和社会机构的运作、教育和娱乐形式等不同层面上影响着人们的交流和对生活的各个细节的思考。电子商务能够促进企业与新顾客建立联系，增强顾客的信赖，使经营更加理性，使产品和服务更快捷地进入市场。此外，电子商务也有助于政府为广大民众提供更多、更好的服务，从而提升民众对政府的满意度。电子商务还能使人们的消费理念、生活习惯、人际关系等在潜移默化中发生改变。

第二节　电子货币与会计结算

纸张作为中国四大发明中的一种，对社会的发展起到了推动作用，并且为我国商业经济的繁荣做出了贡献。然而，在生产力不断发展的今天，以纸张为载体进行的信息传递、加工、处理大多由计算机信息技术的发展所代替，而其中一个重要的发展形态便是无纸化交易。

一、无纸化交易与会计无纸化

（一）无纸化交易——EDI

1. EDI 的产生与发展

商业活动的整个过程实际上是一个供应链循环的过程。其中，产品的生产商、供应商、经销商、终端消费者等都包含在内。整个经营流程主要有建立交易伙伴、订购产品、供应产品、库存管理、财务管理、销售分析及预测等。在以往的经营过程中，业务人员大多通过电话或传真来完成商务往来，之后再把相关数据输入计算机。这样就会产生订单形式多样、明确性参差不齐、打字错误率高、重复性高等弊端。所以，当今的企业在完善品质和服务的前提下，更愿意采用高科技手段来降低经营成本。但在实际实施过程中并不那么容易，由于科技的成本也在逐年攀升，这与商品单价的涨幅相比还要高，在这种情况下，若想保证企业利润的持续增长就显得尤为困难。因此，如何在成本增长的前提下依然保持利润额度增长就成为企业重点关注的问题。而解决这一问题的关键之处就在于利用科技手段来降低成本。其中，利用条形码扫描技术就是一种有效的手段，而 EDI 的发展则使企业之间的贸易往来更加便利。

EDI 是一种在 20 世纪 60 年代发展起来的电子化交易方式，主要指的是电子数据交换。这种方法使企业与企业之间的商务文件不需要人为干预，不需要纸质文件，通过电子数据传递的形式就可以轻松实现标准化、规范化的信息交换和处理，因而人们称之为无纸化交易。这一技术手段在发展了 20 年之后，联合国才出台国际标准——UN/EDIFACT，这是关于商业、行政和交通运输方面的电子数据交换标准，这一标准的出现加快了电子数据交换的国际化进程。进入 21 世纪之后，随着网络技术的高速发展，EDI 技术的应用也越来越广泛，无纸化交易成为全球经济发展的必然趋势。

2. 商业 EDI 的特点

商业 EDI 指的是将 EDI 应用到整条供应链中，通过构建无纸化的信息交流体系，使生产商、供应商、分销商、用户之间形成紧密的联系，并在此基础上使企业的经营过程得到改进，实现规范化管理，以此确保企业运行更加合理和高效，进一步减少供应链成本和周期。同时，通过及时准确的信息流，确保产品在使用过程中的顺畅连续，从而实现产品开发、销售和库存管理的根本转变。

通过 EDI 技术，可以建立一个商业的增值网络。这个网络是为了满足商业电子化的需求而强化的一种新型的电子信息网，利用电子信息技术，通过（EDI）来实现商品的销售、采购、生产、运输等各项业务的有机融合，使无纸化交易成为可能。该网络能为各商家、生产厂家、信用卡持有人提供商业信息、电子订货、电子邮购、信用卡服务等业务便利。

通过 EDI 也可以使所参与的企业利用信息报文来创建合作关系。商品价格报文可以清晰地显示出产品的使用信息和价格信息等内容。在产品供销过程中，订购单报文不但将每日订购事项如产品详情、交货日期、交货地点和其他相关条款等通过计算机进行数据管理，而且将人工核对、账目、采购排序等工作都进行了自动化管理，进而大大减少供应商和零售商之间由于询价、报价、订购、运输等流程消耗的大量时间。

在财务方面，如果把票据与购货单和收货单据等一一核对没问题之后，就可以将票据上的资料整理成一份汇款单，以通知供货商付款。通过商业 EDI 可以缩短、弥补和延长产品从制造商到使用者的时间，在一定程度上节省成本，并且通过对产品从制造商到使用者的合理管理，进而创造更多的价值。

总的来看，EDI 的特点主要有以下几个方面。

（1）EDI 的使用对象是具有固定格式的业务信息和具有经常性业务联系的单位。

（2）EDI 所传送的资料是一般业务资料，如发票、订单等，而不是指一般性的通知。

（3）EDI 采用统一的标准化格式，这与电子邮件或者传真完全不同。

（4）EDI 通常由传送和接收双方的计算机系统直接完成资料的传递和接收，尽可能不采用人工介入。

（5）EDI 和电子邮件或者传真有着明显区别，电子邮件或传真需要经过人为查看、甄别和处理后才可以输入计算机系统。而且，电子邮件或传真的输入需要人工来完成，这在一定程度上对人力资源有损耗，并且产生错误的概率比较大。

3. 商业 EDI 的发展现状

EDI 一经问世，就以其旺盛的生命力，在全球各大工业发达国家和地区迅速推广开来。EDI 技术以其高速、精确、远程和海量的技术特性而成为世界范围内的一场全新的商业变革。EDI 项目的发展与推进，关系到外贸的成败与兴衰。假如顺应全球的商业趋势，主动推进 EDI 将会变得无往不利，迅速腾飞；否则就会被时代所抛弃，最终悄无声息地消失。

就目前来看，EDI 在经历过萌芽和发展阶段之后，现在已经进入了成熟阶段。英国 EDI 的专业人士明确地表示，就现有科技手段而言，EDI 已经不再是一项技术上的议题，而是一项商业上的议题。EDI 技术在中国的应用始于 20 世纪 90 年代初期，当时最先得到应用的是在外贸、海关、运输等领域，并获得了非常好的效益。此后，各个部门逐渐将 EDI 的研发和应用推广到各个行业。

（二）无纸化数据环境对会计工作的影响

1. 无纸化输入强化了会计的反映功能

采用无纸化方式，能很好地解决纸质数据资料输入的问题。无纸化输入能够全面地反映企业的经营行为，包括已有的经营行为和尚未进行的经营活动，甚至是正处于提议中的经营活动。这些信息可以是货币的，也可以是非货币的，而且可以有效避免由人工采集和之后的会计确认的限制所造成的信息损失风险。

2. 无纸化输入使“会计确认”程序化成为可能

由于目前我国很多企业在进行会计确认时存在很多的主观判断，这也是以纸质的财务报表为基础的财务系统无法进行电子核算的重要原因。而在电子商务背景下，与商业活动有关的各种交易信息会越来越规范化，没有这样做的话，电子商务就无法在世界各地真正实现。而无纸化输入使“会计确认”消除人为的影响，进而实现程序化。

网络化、无纸化电子商务环境使会计信息系统能在动态、实时、快速地运行中具有较强的开放性，同时可以使其准确地获取、处理和反馈企业内部的会计信息，为企业信息化建设提供新的契机。所以，开发在线金融软件成为当前流行的课题，需要更进一步的研究。

（三）会计无纸化的要求

虽然储存技术和电子网络技术一直都在不断地发展，但这并不能说明马上就能实现会计无纸化。计算机技术自问世至现在的很长一段时间里，虽然得到了长足的发展，但在会计的实际操作中仍然是以纸张为主要媒介，甚至在电算化的会计体系中，人们仍然习惯将计算机中的报表、凭证和账簿等定期打印。可以这么说，在推行会计电算化的过程中，没有彻底实现会计无纸化，既存在主观因素，也存在客观原因。若想会计无纸化真正实现，则需要满足以下几个方面。

1. 观念的更新

在大部分人的印象中，报表、凭证和账簿都是以纸张为载体的。它们是有形、触手可及的，只有纸质的报表、凭证账才能使人感到真实和可靠。另外，由于对会计数据的准确性的特别要求，使人在面对具有不确定因素的情况下，往往倾向于采用“步步为营”的战略。而由于会计人员对计算机技术不能熟练地应用，使他们对“无纸化办公”缺乏概念和意识。这种情况不仅仅局限于企业的会计，就像政府部门和银行、税务等社会部门也是如此。会计电算化应用虽然在我国也开展了很多年，但是这项工作一直停留在最基础的存储、修改等方面，不但在工作管理上仍然要求按照手工的方式进行，而且在对计算机系统替代和相关软件使用上也有严格的审核。

2. 社会信息化程度的提升

任何系统都不能独立运行，会计信息系统也不例外。它是一个与其周边环境紧密相连的体系。因此，会计无纸化的实现必须依赖社会信息化水平的持续提升这个先决条件，只有使会计信息的收集、传递、使用等多个环节在社会范围内实现无纸化，才能使会计无纸化真正成为现实。

3. 无纸化交易的开展

所谓“有水必有源”，实现会计无纸化的前提是必须实现会计凭证的无纸化，而这又取决于其所处的外部环境。原始凭证是最主要的会计信息数据。而社会的无纸化交易又会对企业原始会计凭证的取得与确认产生一定的影响。在这里必须对无纸化会计的本质有一个清晰的认识，那就是，无纸化会计并不在于表面上的无纸环境，而在于对原始数据的无纸化会计处理。在没有原始凭证的情况下，想要取得原始凭证，只能通过自己的计算机系统打印出交易记录，而非让对方提供。然而，由于原始的会计数据是会计处理的基础，因此，对无正本会计凭证的会计处理，不能只依赖企业本身，还要依赖相关的法律制度。所以，无纸化交易既要以社会信息化为前提，又要有相应的法律法规环境支持。

二、电子数据与电子会计数据

电子数据主要有电子合同和在电子商务交易过程中往来的电子单据。电子数据不管是在产生、存储、传输方面，还是在确认、修改方面，都和以往所采用的纸质数据大不相同。纸质数据一般有纸质合同和各类票据、单据等文件，这些文件均以有形的媒介为载体保存，所呈现的形式比较固定。而电子商务并不以纸质文件为凭证，而是将相关数据存储在计算机中的信息载体上，从而使传统纸质数据的产生与存在模式发生了巨大的变化。

（一）电子数据的特点

电子数据与传统的纸质数据文件相比，其特点主要包括四个：一是无形性，电子数据是一类具有一定意义的电子信息，其生成需要依靠计算机设备进行，而不是像纸质数据文件那样是有形的实物；二是不稳定性，通常来说，纸质数据文件一旦生成就很难再让其改变，但是不管在任何时候，电子数据都可能遭到病毒的入侵或黑客的攻击等破坏数据的风险；三是可变性，纸质数据文件在完成后基本是无法更改的，即便更改，也会留下更改过的痕迹。而电子数据是通过计算机来完成的信息数据，一旦被篡改，便不会有任何的痕迹；四是技术性，电子数据不管是在其生成、确认、储存和传递方面，还是在其安全性、完整性和可验证性等方面所参照的各种标准，都是通过一套高科技的方法实现的，如果没有这些技术，电子数据就无从谈起。

（二）电子数据的安全要素

互联网系统具有极强的开放性，因此在任何时候都可能受到来自各个方面的各种潜在风险。所以，在电子商务运行过程中，安全性一直是最关键的问题。然而，由于安全性问题涉及范围广泛，其不仅涉及企业的经营管理层面，还涉及技术层面的问题。而这一切都要依赖法制的健全来给予保障。在电子商务的安全问题上，关键在于确保数据的安全，数据安全主要是指企业内部的数据库的安全，以及数据在传递过程中的可靠性、机密性、完整性和不可抵赖性等。与电子商务安全相关的国际标准有安全电子交易规范（SET）、安全套接层协议（SSL）、安全交易技术协议（STT）、联合国电子数据交换标准（UN/EDIFACT）等。

1. 可靠性

可靠性，也就是能够识别出电子数据的正确有效。在电子商务环境下，纸质数据逐渐被电子数据所代替，那将如何确保电子交易数据的准确性和真实性成为企业进行电子交易的先决条件。电子商务作为一种商业活动，其所提供的数据资料是否准确，将会对个人、企业甚至国家的经济和信誉产生重大影响。所以，要尽可能加强并完善电子商务系统的内部控制体系，对其安全操作、数据恢复等方面的管理进行全面提升，以确保由网络程序故障、操作失误、软硬件损坏和病毒入侵等可能造成的安全隐患进行有效的管理。

2. 机密性

机密性，也就是确保信息不会泄露给不被许可的个人或机构。电子商务环境下的贸易往来主要依托互联网，这就需要确保交易双方之间的信息传递不能被泄露。电子商务作为一种商贸手段，其数据信息属于商业机密，代表着个人、企业甚至是国家。在传统的以纸质文件往来的商业交易中，往往采用邮寄或其他稳定保险的通信机构发送商业报文以使传递的商务信息保持机密性；而电子商务所处的环境是具有公开性的互联网，所以对商业机密的保护成了电子商务重点推行的一个重要措施。因此，要尽可能避免网络上的非法访问，以及数据信息在传递过程中被非法盗用，要保证仅有法律权限的人可以查看这些数据，以防止机密信息泄露。为了实现这一目的，需要搭建一个用于数据交换和加密的虚拟专用网络系统。并且，国际上关于电子商务的安全协定中，对许多数据加密技术也都有详细的规定。

3. 完整性

完整性要求确保数据信息的一致性，避免未经授权而非法建立、修改、破坏。电子商务确实使交易流程变得更加简单、快速，人工干预环节也逐渐减少，但与此同时它也存在如何保证其贸易数据信息的完整性和一致性问题。如果数据在录入的过程中由于一些原因导致错误或存在有意欺骗行为，则会使交易双方之间的信息出现不一致。另外，在信息的传递过程中也会发生丢失、重复或顺序不同而导致交易双方信息出现偏差。因此，信息的完整性直接关系到交易双方的业务合作情况和经营战略，而保证数据信息的完整性是电子商务长远发展的根本。一定要避免信息的随意生成、修改、删除等不利因素，同时还要注意防范在传递过程中信息的丢失和重复，确保信息的传递顺序一致。

4. 不可抵赖性

不可抵赖性，也就是交易的双方都要承诺将按照合同的约定执行，合同一旦签订就不可随意取消，这也是确保交易能顺利完成的前提条件。在以往以纸质数据为主要依据的交易中，合同、票据、单据等通常都是由相关负责人手写签字、盖章等方式用于确定其职责和义务。而在无纸化的电子商务交易过程中，这样的办法显然已行不通。为了使接收方确认所接收的信息是由发送方发送的，而且一旦收到，就不可抵赖。同时，发送方也要确认只能由特定的接收方来接收，并且一旦发出则不可抵赖，所以就需要通过数字签名技术来保证电子数据有等同于纸质文件签名、盖章的法律效力。

（三）电子数据的签名技术与法律承认

1. 电子数据的签名技术

在过去的各种商业活动中，一切业务往来文件必须签署或加盖公章才能有效，而对于电子商务中的电子数据来说，也同样如此。只不过，电子数据的签名是数字签名。

数字签名是以二进制数来表示的一组字符串，在发送方与接收方之间通过加密和解密转换而来。其遵循的原理是，报文发送方利用哈希运算从报文中产生一段固定的报文摘要（哈希值），再利用专用密钥对报文摘要进行编码加密，从而形成一个发送方的数字签字并传递出去；接收方使用同一哈希运算方式计算原报文的报文摘要，然后使用公共密匙将其解密，若两份报文摘要一致，则证实此报文是数字签名发送方的。

2. 电子数据的法律承认

技术的发展是实现电子数据广泛应用的前提。但是，要让社会认同电子数据，必须先在法律上予以确认，使之成为法律上的有效。电子商务最突出的特征就是全球化，它将会改变世界经济，使更多的人获得更多的资源，从而打破人们惯有的思维模式，使人们的生活得到改善。但是，也正是因为这样的全球化，才使关于电子商务的立法必须具有全球普遍性。目前，各国都非常关注电子商务的立法环境。《电子商务示范法》是联合国国际贸易法委员会在第29届会议上提出并通过的，这为世界各国的电子商务立法提供了一个范例。

（四）会计电子数据生成与管理

虽然以上所提到的是普通的电子数据问题，但是在电子商务中所产生的电子数据基本上都是与会计领域的原始凭证相关的。事实上，除了这些，无纸化的原始凭证是会计无纸化中最核心，最具技术性、法律性和风险性的一个环节。因为一般情况下，只要不是使用者特别需要的，就可以将原始凭证换成无纸化的电子数据，而不需要在法律上对由此而来的会计账簿和报表进行约束。

1. 原始电子数据的生成与管理

在传统的会计体系中，原始凭证一般是在企业经营活动中产生的，以纸质文件为主要标识的原始单据，在经过签字确认后以原始会计凭证的形式存入企业的财会系统中。会计人员再根据相关的会计制度和规定进行审计，并填写相应的记账凭证。

在电子商务背景下，会计记账的原始凭证已不再是以纸质媒介为主要标识的原始单据，而是转变为带有发送方数字签名和数字证书的电子数据。在业务往来过程中，发送方将这些电子数据传递到接收方的计算机系统，接收方在收到这些数据之后，要对其内容和签名以及身份信息等进行审核，对其中属于一整条业务链的数据还需要依次检查相应的数字签名。最终再由审计签字（数字签署），之后才能以正式的数据凭证形式录入财务信息管理系统中。

2. 电子账表的生成与管理

在以往的会计体系中，会计数据一般包括会计凭证、账簿和报表等。而从计算机处理角度来看，那些以人工方式呈现出不同处理步骤，不同数据形式的凭证、账簿、报表等，其实就是输出的格式不同而已，数据方面实际上是相同的。但传统的会计体系这么做的原因则是人工核算和不同用户对会计资料的需求形式不同密切相关，基于此则会产生记账凭证、账簿、报表等各种不同类型的数据资料。通过会计电算化或其他商务软件，使计算机生成并存储最能体现会计实质的基础数据就足够了，这样计算机在任何时候都可以通过这些数据来源，输出满足人们不同需求的各种形式的数据资料。

第三节　网络信息化技术与会计报告

一、网络技术带来的会计报告模式的变革

（一）传统会计报告模式的局限性

会计报告模式分为狭义和广义两大类，是会计核算中的一个重要内容。从狭义上讲，会计报告模式是指外部披露，也就是企业将财务报表提供给外部各种不同的会计信息用户；从广义上讲，会计报告模式是指将各种会计信息资料提供给企业内部和外部的会计信

息用户。

传统的会计报告模式一般以定期的外部披露为主，最基础的是每月编制的损益表与资产负债表。其主要特点是信息深度整合，计量方法单一，报表的信息格式具有规范性和一致性，以及通过书面方式公布等。随着我国经济的快速发展和日益加剧的市场竞争，原有的在特定经济背景下发展起来的会计报告模式已无法满足目前的市场需求，其日益突出的局限性主要表现在以下几个方面。

1. 无法满足信息需求的多样化

随着社会经济逐渐趋向多元发展，企业的构成形态和在社会和市场经济中的作用也产生了很大的改变，其会计信息不仅要面向直接的投资者、债权人，同时还要面向合作伙伴、社会团体、政府部门、客户等大量用户。由于不同用户对信息的要求也有很大的差别，而传统的会计报告模式只能通过集中的方式来实现统一的财务数据，这就不能满足不同用户的多样化需求。因此，要想满足这些人的特定的信息需求，就必须向其他资源寻求帮助，或者对现有的信息进行再加工。

2. 无法反映非货币信息

在信息技术突飞猛进的今天，与人力资源、无形资产、金融衍生资产等有关的信息也都在不断更新和发展，并且变得日益重要。在一定意义上，信息的竞争力就是企业生存与发展的筹码，然而，传统的会计报告模式更多体现的是以货币统计的历史成本，并且在会计报表中体现的也主要都是有形资产的信息，这在很大程度上降低了企业财务信息的可用性。

3. 容易人为调节报表数据

在年终时，要按照配比原则对企业进行大量的调整和转账，以便更好地反映企业的收入和支出之间的关系，并对其经营业绩进行汇报。传统的会计数据处理方法主要是根据已发生的交易进行会计核算，但由于手工处理这种转账和配比过程具有一定的主观性，这就可能造成财务资料的混乱、失真，甚至虚假。

4. 报告信息严重滞后

信息最大的特征就是时效性，即时、高效的信息可以为企业创造丰厚的利润，而信息滞后则会使企业失去很多商业机会。因此，运用会计报告来获得信息，是企业在日常运作中的一项重要工作。然而，即便是最短的会计报告周期也得一个月，而这个较宽泛的报告周期则为企业做各种各样的后台业务提供了有利的时机。比如，一些上市企业通常会把资产重组和关联交易等放在年终报告之前进行。另外，传统的会计报告模式由于存在较长的编报时间，因此难免会出现信息滞后的情况。比如，企业一般会对外发布半年报和年报，但这两份报告通常都是在报告日之后的几个月才公布的，这对企业信息的及时性影响非常大。

当前，虽然业内一直在实践中不断地对会计报告模式进行探讨和研究，并持续改进和完善，但传统会计报告模式的本质特点始终未变，其自身存在的缺陷、其他各种因素的影响以及信息处理与传输技术的制约都是造成传统会计报告模式有很大局限性的原因。但是随着互联网信息技术的日益广泛和深入，已经为传统会计报告模式发生改变提供了有利的技术环境。

（二）网络技术对会计报告模式的影响

网络技术的不断发展将信息技术带上了一个新的高度，以互联网技术为依托，不但使整个社会结构发生重组，经济模式也不断产生新的突破，在此影响下，企业会计报告模式迎来了重大变革。

1. 传统会计报告模式的影响因素

由于经济形势的不断变化，企业对会计信息的要求也越来越高，而这个过程在我国的会计史上从未间断过，特别是最近几十年变得更加快速。其实，网络科技的发展，已经不再局限于单一科技层面，而是以巨大的力量将工业经济社会向数字经济社会发展推进。其影响主要表现在以下几个方面。

（1）数字经济产业发展的影响

网络科技的快速发展，推动了大量新兴产业如信息产业、数字技术等不断涌现。在此带动下，很多传统企业开启了以数字信息技术为主要发展规划的新篇章，与此同时，新的创造财富的方法和经济发展模式正在迅速成形。

（2）企业竞争方式改变的影响

随着互联网技术的飞速发展，出现了很多以互联网为依托的虚拟企业，这些企业与传统企业的组织形式不同，更加富有强有力的竞争优势，并且正在逐渐取代传统的企业并购模式。如今，各大企业都将更多的注意力放在自身的技术力量上，依靠网络技术与一些具有一定竞争力的企业进行战略联盟。通过构建价值链型与联盟型的虚拟企业，可以使各个企业将各自的资源优势整合起来，进而获得更加长远的发展。

（3）企业生产经营方式改变的影响

基于信息化技术的电子商务使传统的生产方式和管理模式都发生了很大的变革。当前，传统的大规模、规范化的生产模式逐渐转向以客户为导向的灵活生产模式；传统的以产品为主的企业经营管理模式也逐渐转向以“零库存”为导向的“适当”的生产模式和经营管理模式。但是，这种变革不仅要有生产管理的综合、即时的信息支撑，还要在其自身产生大量生产经营信息时能够及时记录和报告。所以，在互联网环境下，以历史成本为主要记录内容的会计核算系统及其所产生的会计数据报告已经不能满足网络时代企业生产和运营的需求。因此，企业会计报告也要及时转换管理理念和模式。企业应依据新的生产与经营流程，按照企业重组的原则，对不同的工作或项目重新界定信息结构和内容，并采用数据库技术对其进行规范化的储存，进而满足企业各个方面的信息需求。

2. 网络技术促进会计报告技术的发展

信息网络技术不仅改变了传统经济的结构和模式，引发了社会对会计信息新的需求，而且为会计报告模式的载体，如处理技术、传输技术等带来了新的变革和创新。

（1）会计报告载体技术的变革

在传统的会计体系中，会计信息的产生、记录、制证、信息发布等流程都需要借助纸质媒介。由于纸质媒介所记载的信息都是无法进行再分类、再加工的，因此为了对这些信息采取进一步分类、汇总，就需要在新的纸质媒介上进行处理和记录。在信息量如此庞大的现在，纸质媒介的这一特性很难快速、高效地对各类信息进行及时处理。但是随着计算机技术的不断发展，以磁性（光学）媒介作为主要的储存资料，通过操作系统，可以对各种数据、会计报告进行，从而大大提高企业的经济效益。

（2）会计报告处理技术的进步

在传统的会计报告中，大多数的工作都是由手工完成的，因此，在会计信息的整体处理中，要把会计报告作为主要的工作目标，经过分类、汇总，再分类、再汇总，反复进行。这种方法不仅工作量大、速度慢，还容易出现错误。计算机系统在数据分类和计算方面有着非常大的优势，并且随着信息技术的发展，计算机的体积逐渐缩小，运算速度也逐渐加快，进而对财务数据的处理效率和精确度都有很大的提升。在处理会计报告时，只要把会计数据资料输入计算机，就可以在任何时候生成会计报告的内容。

（3）会计报告传输技术的进步

信息载体技术、计算机处理技术、互联网技术等技术的运用，为实现面向全部会计信息用户的实时报告系统提供了有利的环境。在传统的会计体系中，往往是采用人工传递或邮寄方式来传递纸质的会计报告。上市企业公开发布的财务报告通常也是由报纸等传统媒介来进行传播的。在计算机应用初期，对会计报告进行传递的过程中，偶尔也会使用到软盘。然而，在计算机技术不断提高、互联网科技飞速发展的情况下，以往那些效率较低的传递方法已被快速地替代。利用网络发布会计报告已经成为一种主要的传播途径。

3. 实时会计报告对传统会计理论与实务的影响

会计报告模式的改变，既包括报告技术的变革，也包括组织架构的变化。会计报告作为会计体系中不可缺少的一部分，其变化也不可能脱离其他而独立存在，它必将对会计理论与实务的整个体系产生重要影响。

（1）对会计目标理论的影响

在传统的会计核算体系中，所有者与经营者之间的关系十分清晰，不存在模糊缺位的关系，因此，委托人可以根据受托人就委托资源的经营业绩，对受托人提出特定的要求，并由会计根据该目标对其进行评估。若在经过恰当的会计评估后，发现经营者未能达到原协议所订立的目标，则所有者可以对经营者进行问责，并另觅一位更适合的经营者。在这里，传统的会计报告侧重于向投资人和债权人披露管理层职责方面的会计信息。

企业的实时会计报告模式是一种与互联网经济和技术环境相适应的会计信息需求模式。实时的会计报告将极大地拓展会计系统的信息内容和要求范围。从财务管理的角度来看，会计的目标已经从单纯地体现历史数据的管理责任，转变为以资本市场为依托实现两权的分离。由于委托人与受托人之间只是透过资本市场的运作，没有进行直接的联系和沟通，因此，会计报告的目标也将涉及更多与决策有关的信息，如不明确的未知信息、不可预测的风险信息、各类非财务信息，以及企业内部的信息管理要求。

（2）对会计假设理论的影响

传统的会计理论思想是以一套会计假设为依托的。随着互联网经济的发展，使传统的会计理论在客观上由于各种原因而产生的一些假设理论遭到了极大的冲击。如会计分期假设是人为地将企业的生产和运营活动分开，定期会计报告则是以会计分期假设为理论依据的，而会计实时报告却使会计分期假设不成立。

（3）对会计要素理论的影响

在传统的会计报告模式中，会计信息的要求是基于事先确定的。这些要求是以统一的会计报告为基础，经过特定的会计数据处理后得到相应的会计报告数据。因此，在我国现行的会计准则下，会计报告的项目分类也就是会计核算过程中的项目分类范畴，可将其称为会计要素。由于需求信息非常明确，所以分类也是固定的。传统的会计理论将各要素分成资产、负债、权益、收入、费用、利润等。而实时会计报告则是基于各种不同的信息。所以，事先确定会计信息要求的意义就不存在了。同时，对会计要素进行更深层次的划分，使其更全面地反映企业的生产和运营过程，就显得尤为重要。

（4）对审计的影响

由于实时会计报告是基于网络技术的，其自动化、无纸化形式已对传统的审计方法和实践都产生了许多影响。例如，在无纸化的审计中，由于传统的审计信息已经出现残缺，不再完整，因此常规的审计手段难以跟踪和解决问题。又如审计目标问题，因为会计报告是通过计算机强大的分类计算功能实时、随机、多样化地产生，所以必须把审计的重点从对全面统一的财务报告转向对原始的业务数据上。但是，原始数据和会计报告都是即时生成的，所以对原始数据进行全面在线实时的审计对于审计工作人员来说是很大的挑战。

二、会计报表的电算化设计与应用

（一）电算化会计报表的处理

报表作为一种重要的财务数据，可以为国家的经济管理和企业内部、外部的信息用户提供决策依据。所以，必须对会计报表所提供的信息要求真实、可靠、全面、清楚、及时、有效。也就是说，会计报表所承载的信息、数据必须准确、真实、可靠，能全面、完整地反映企业的财务状况和经营业绩，其内容要清晰，数字文本含义唯一并能及时有效地获取。及时性对于信息的价值非常重要，特别是在决策信息中，时间性尤为重要。有效性是指所提供的信息内容和形式都要达到所需的水平。

传统手工制作的会计报表若想达到上述要求十分困难，尤其是在及时、有效方面，想要满足更加困难。但是在会计报表实现电算化之后，想要达到上述要求就很容易了。

1. 电算化会计报表的特点

（1）准确性

由于计算机在运算、记忆、逻辑处理方面都具有超强的功能，因此在计算处理大量复杂的数据时，能够及时高效地完成数据资料的判断和检查，进而确保会计报表的输出更加精准无误。

（2）灵活性

通过计算机运算并编制会计报表会更加灵活，它可以快速地对大量数据信息进行查阅和比对，一旦发现偏差可及时纠正并保存，而且计算机还能随时输出使用者需要的数据信息，使用者可根据这些信息及时制定更加完善的经营方案。

（3）及时性

计算机处理大量数据的速度及其灵活性保证了它在制作会计报表方面的及时性。

（4）有效性

通过计算机制作的会计报表系统具有速度快、可靠性高的特点，这些都使电算化会计报表的有效性远远强于手工制作的会计报表。

2. 电算化会计报表系统的优越性

能够快速准确地制作任意复杂的报表格式。

可以根据需要一次性设置好参数和模板，后续使用过程中能够通过设置自动生成所需信息，并且数据的来源可通过多种模块获取，取数灵活多样，公式定义方便快捷。

报表查询方便。可以根据使用者的需要随时查询任意时期的报表数据，并且还可对这些数据进行分析，生成更加直观的图示。

在使用过程中，可以根据需要方便快捷地更改报表的信息，如模板、格式、公式等，并且可多次反复修改。

总的来说，通过计算机将财务系统设置完成之后，只要按键，系统就可以按照指令进行计算，及时准确地将每月的报表输出，使用者可根据需要进行查询、分析、更改或打印，并且耗费很少的时间就能高效地完成报表任务。

3. 报表电算化的功能结构

根据以上叙述可以看出，报表电算化的功能结构涉及范围比较多，主要包括建立结构、格式定义、数据录入、数据生成、数据分析、修改、维护、输出、查询等各个方面。

（二）电算化会计报表的设计

通常情况下，设计电算化会计报表可以从报表注册、格式定义、数据生成、报表公式计算、钩稽关系检查和报表输出入手。

1. 报表注册

在对报表进行处理之前，需先进行报表注册，之后才能进行报表格式定义等内容。报表注册有报表编号、上报性质、上报编号、报表名称、报表属性和输出方式。

报表编号。指的是报表在会计软件系统中的编号，使用者可以根据报表编号对报表内容进行查询。一般情况下，报表的编号可以是数字，也可以是字母，但不能重复使用，在对报表进行格式定义以后就不能再更改其编号。

上报性质。指的是该报表属于月报、季报还是年报。

上报编号。指的是该报表在上报给上级主管部门进行汇总时的编号。

报表名称。指的是报表的内容或指标分类特性的名称。例如，利润表表示企业在某一段时间经营利润情况等。

报表属性。包括用户或系统两种属性。在新建报表时，其初始属性属于用户属性，而进过格式和公式定义之后，使用者可以将其属性改为系统属性，一旦改为系统属性，则不能再更改报表格式。

输出方式。指的是报表在打印时可以选择的方式，一般有三种，分别为正常、定行和折页。定行指的是从某一行拆开，把下面部分放在上面部分的右边。折页指的是按每多少行折许多次，并将折后的各部分按从左至右排成两列，依次往下。定行和折页这两种方式均是把之前的一栏表折为两栏表。至于选择采用哪种方式，则根据报表本身的格式来决定。如应收账款明细表，每月报表的行数不固定，没办法确定具体应从哪一行开始对折，这时可选择居中。

2. 格式定义

格式定义主要是指对报表格式的制作。任何一个报表，一般都会设置有标题、表头、表体、表体长度、画线和文本编辑。

标题。一般情况下格式定义先从列标题开始，也可以定义报表的主标题、副标题、表尾。

表头。也就是标题栏。表头的定义主要是完成报表有几项，每项的具体内容是什么。

表体。指的是报表主要部分的设置。如对行和列的调整，具体包括插入行、删除行，插入列、删除列，调整行高、行距等。

表体长度。是用来定义表体有多少行，由“行数”指令决定，直接设置数值即可。

画线。主要用于报表自动生成之后，为了使其格式更加完美，而在标题、表头、表尾等地方加一些辅助的线。需要注意的是，这些线不能添加在表体部分。画线时，画出的线会被自动设置成横线或竖线。如需调整已经画好的线，可使用鼠标来移动或修改，通过在线的两端移动鼠标来调整线的方向和大小，也可以在颜色条中选取颜色标注所画的线。对于画错或不再使用的线，可以删除。

文本编辑。在一个文本中可以显示一行或多行格式内容，如每列标题都是一个文本，它可以被单独创建、调整大小、修改内容或删除，也可以在标题、表头或表尾的任意地方添加字块以表示说明。还可以根据需要将文本块移动到允许添加文本的区域，调整文本横向的宽窄、纵向的高矮，改变文本的字号和字体，调整文本背景颜色，调整文本下画线、斜体、加粗、文本对齐方式等。

3. 数据生成

（1）报表公式定义

①代码方式。其定义特点是对公式的修改、复制较为方便快捷。所有公式项的内容都能通过编码直接进行编辑，也可以利用“剪贴板”等工具进行复制，还可以从其他报表中将公式复制过来。

②汉字方式。公式中的各个运算符和公式项都能通过菜单选择形式来定义。任意一个公式项都能从账务、凭证、报表、常数、专项核算、台账、单位和个人往来及其他等数据来源中选取，也可以按照要求复制已经存在的某个公式，通过修改其相关数据和对应的公式项，快速地生成所需要的公式。

通常情况下，报表公式的定义只需一次，之后就可以直接计算。因此对其数据的来源要辨别清楚、考虑周全。

（2）公式数据来源

报表计算中的公式数据来源主要有以下几个方面。

①账簿。可取账簿中任意一级科目，任意科目的各种数据。如果是数量账或外币账还可取数量、外币。各种数据包括：年初余额、月初余额、季初余额、当前余额；本月借贷发生、本季借贷发生、本年借贷发生；各种分析余额，如借方分析余额、贷方分析余额、月初借方分析余额、月初贷方分析余额、明细账借方余额、明细账贷方余额等；还可从账簿取科目名称。

②报表。可取报表当前月数据，也可取报表历史年月的数据。

③常数。取数时可输入常数。需要注意的是，有些项目的数值是无法通过账目或报表计算得到的，如年初计划数等，这样的数值只能通过人工键盘输入的方式获取，同时，通过此种方式，也能生成其他表格。

④凭证。可取凭证的数据，如数量、金额、外币等，也可使用组合条件取多个凭证的合计数。

⑤其他。主要用于不仅仅是直接取账上的数据，而是取一些带附加条件的数据。比如取备用金的所有明细科目余额大于 100 的数据在报表中一一反映出来。选择“其他”后，系统显示文件，指明从什么文件中取数。系统可以从科目词典、专项核算、单位和个人往来中取数，计算条件即通过（组合条件）菜单，写出正确的取数条件，计算对象指明取符合条件科目的什么样的数据，运算方式指是否要将选取数据进行汇总，若选择“汇总”则取满足条件的数值，若不选择“汇总”则取满足条件的第一条或一部分数据。

4. 报表公式计算

通过公式计算将所得数据列入报表中。通常在进行公式计算之前，会将所有在表格中已经定义了公式的数据全部删除，然后由新的计算结果所替换。

5. 钩稽关系检查

在经常用到的各种报表中，所有数据的经济意义都十分明确，而且数据与数据之间往往会有一定的关系，这种报表数据之间的关系被称为报表的钩稽关系。钩稽关系检查主要是对两个或多个报表之间的关系进行检查，并提示不符合钩稽关系的报表。

6. 报表输出

（1）打印报表

可选择任何时间段对报表进行打印，并且还可以针对不同的报表设置不同的打印方式。在打印过程中，如果已经预先设置好了打印的开始行和终止行，则只能打印指定的部分。

（2）打印设置

打印的时候，可针对任一报表进行对应的设置。打印设置通常会有以下几种方式。

①设置折页方式。可根据需求选择任意一种折页方式。当选择了折页或定行方式，需要输入折页行数，通过这一数值来确定折页或定行的具体打印方式。

②设置每页行数。这一设置是为了确定打印输出时每页的行数，系统可以按照所设置的每页行数来自动调整字体的大小。

③设置打印比率。通过设置横向和纵向的缩放比率，能够改变所打印表格和字体的大小。如果表格太大，超出打印纸宽度，或表格太小需要放大的时候，可通过设置打印比率，使打印出的表格适合打印纸张，满足需求。

④设置打印份数。可以根据具体需要设置打印的数量。

⑤设置打印纸的类型。可以根据表格大小选择适合的纸张类型，通常来说，使用针式打印机可选择宽行或窄行；而使用激光打印机，则可以选择 A3、A4 或 B4 等不同型号的打印纸。

⑥设置打印质量。打印质量有高、中、低三种模式，使用的打印机不同，其所支持的打印质量也不同。通常情况下，激光打印机支持高质量打印，而喷墨打印机或针式打印机则支持中质量打印。打印质量设置得越高，打印的速度就越慢。

⑦设置打印的输出方式。打印输出方式有横向和纵向两种。一般情况下多用纵向输出；但是，如果在表格太宽而行数又较少的情况下，可以选择旋转九十度的横向输出方式更为合适。

⑧设置打印页边界。打印页边界一般有四种设置，也就是页顶空白、页底空白、页左空白、页右空白。

（三）电算化会计报表的操作与使用

对电算化会计报表的处理，是会计电算化能否实现的一个关键步骤，如果缺少这一步，那么之前完成的所有工作将毫无价值。总体来看，电算化会计报表的处理工作包含报表的编制、报表的输出和报表的汇总。

1. 报表的编制

报表的编制，指的是按照之前定义的公式，使用计算机在各项会计账簿和其他资料中自动采集数据并将其整理完成后，逐行输入表元中的工作。

（1）报表计算

报表计算是指按照之前所定义的数据来源将数据整理好再分别输入表元中。选择这项功能之后，系统会提示报表名的选择和计算日期。如果已经有报表存在，系统则会提示："是否覆盖（Y/N）"。

通常情况下，如果所定义的会计公式正确，会计统计的数据也准确无误，所生成的报表就不会出错。但是，在实际操作过程中，尤其是在初始化过程中，经常会出现报表错误的情况。报表出错指的是报表中所体现的数据不符合实际会计规则应当产生的数据。出现这种情况的原因有以下几个。

第一，会计报表表元中所定义的公式语法有误，因此导致系统无法执行命令。此时一般系统会将语法错误的行和列自动提示出来。

第二，会计报表中的会计概念不正确，使数据统计出现重复或者遗漏的情况，或者统计出来的数据与会计报表的要求不符。如会计报表中的“应收账款”，因为是基于往来账户而进行数据统计的，所以会出现贷方余额与其他账户的借方余额互相抵销的情况，进而使报表上“应收账款”的数值小于实际数值。为此，应将账面上该科目的贷方余额计入“预收账款”栏中。

第三，记账出现错误，如将不属于管理方面的费用计入“管理费用”，或者串账，或者在编制凭证的时候金额不正确等各种错误。

需要注意的是，计算机通过已经定义的公式自动计算的时候，如果系统没有关于错误信息的提示，并不能说明所生成的报表就一定是准确无误的。这主要有两个原因：一是系统只检测出了公式语法上的错误，却对会计逻辑上表述不正确的地方检测不出来，因此导致数据产生错误；二是即使公式全都是对的，也有可能因为凭证的输入错误而导致记账出现差错，从而造成报表错误。因此，如果报表是错的，就必须根据具体的情况，找到相应的原因。

另外，公式、凭证、账簿等被修改之后，并不能说明报表相应的表元也一起被修改了，只有将报表重新计算一次，才能得到最正确的结果。通过计算机来计算的报表通常不需要人工干预，全部过程所需时间只要几秒至几十秒，具体由报表的表元数据量以及取数的方式来决定。当公式定义中出现“输入数”时，则需操作者输入相应的常数才能使系统继续运行，如果直接按“Ctrl”键确认，则系统默认值是零。

在选择报表计算功能时，系统会将要进行计算的报表的名称全部显示出来，可以一次仅对一份报表进行计算，也可以对多份报表进行连续计算。特别是针对部分组合表，需要对其进行连续计算，才能输出一个完整的表格。在完成计算之后，系统就会返回到上一级菜单。

（2）报表审核

报表审核指的是通过审核公式对报表进行审核。在审核的过程中，如果系统提示“审核公式有误”，就需要对已经定义的计算公式和审核公式进行检查，辨别其是否符合会计制度。若审核出现错误，系统则会提示某表元应等于实际数，并将错误信息显示出来。

2. 报表的输出

（1）报表查询

报表查询指的是在计算机屏幕上显示出报表信息，便于查阅。在对报表进行查询时，只需输入所要查询的报表的时间，然后选择所需查询的报表的名称，计算机就会把这张报表在屏幕上显示出来。如果报表的长度或宽度超过了计算机显示屏能显示的范围，就需要用户通过屏幕下方提示区所定义的键来移动屏幕中的报表进行查看。

系统会默认报表中一些行或栏被锁定不动，这样是为了防止数据变动，也方便用户查询时分析和比较，如果用户需要锁定其他行或栏，则可退回到查询状态，进入报表定义中查询方式定义功能，重新定义。

（2）报表打印

选择该项功能之后，系统会提示报表登记名，用户可以根据需要按“Space”键选择要打印的报表，然后按数字键确定需要打印的份数。如果只需打印一份报表，则可直接按“Ctrl”键。选好报表之后系统会提示报表的日期。

系统自动根据报表的大小提示装入宽行纸还是窄行纸，只要将纸装好、机联好，就可以按照原本设置好的打印方式进行打印。如果在打印过程中需要中途退出，则按“Ctrl + Break”组合键即可。

3. 报表的汇总

报表的汇总指的是将同一账套内或不同账套间的多个相同结构的报表进行汇总运算，并生成相应的汇总报表。报表的汇总步骤包括以下几项。

第一，确定汇总报表的金额单位。

第二，确定报表源，也就是汇总报表的汇总单位。

第三，对于上述报表汇总过程中的方法给予定义，如某些项目的调整方法等。

第四，进入汇总功能。选择该项功能之后，系统会直接显示可以选择的金额单位，具体包括不变、千元元、万元元、百万元元和亿元。系统默认的金额单位是不变的，默认的小数位数是两位。选择好金额单位之后，系统会提示选择报表源。报表员源既能来自同一账套，也能来自不同账套。选定报表源之后再确定时间范围，如需确定多个不同的报表源，只要重复操作即可。将需要的报表选择完成之后，退出该功能，进入汇总表存放地点选择目标报表进行汇总。汇总结束后，系统会提示“汇总完毕”，之后可通过上文所述的查询方式进行查询。需要注意的是，在汇总过程中，所有参与同一次汇总的报表源必须具有相同的结构，否则系统会提示该报表不能参与汇总。

需要注意的是，当参与汇总的单位比较多时，很可能会使位数快速增加，而汇总报表的用户通常需要的是一个相对准确的数值，如企业报表单位通常是元，而主管部门的汇总报表单位则通常是千元或万元。为此，汇总报表则需要具备两项重要的功能：一项是在汇总过程中能够按照用户的需求自动升位的功能，另一项是舍位平衡功能。具备这项功能主要是因为自动升位往往会使原本处于平衡的报表不再平衡，此时就需要系统要具备能够在保持原始数据影响最小的前提下自动调整尾数以达到平衡的目的。

另外，还需注意的是，大多时候的汇总是同一表元的简单叠加，如果想要看到所有汇总报表源的具体数据，则可选用固定栏目按部门序列横向排列的汇总报表。由于每个软件系统的处理方式不可能完全一样，用户根据屏幕上的提示进行操作即可。

第六章　电子商务环境下财务管理模式构建

第一节　企业财务管理的强化

近年来，电子商务迅速、高效地发展，不管是在人们的日常生活中还是工作上，都带来了前所未有的便捷。在电子商务环境下，建立新型的财务管理模式将会给企业的发展带来更多新的生机。

一、企业财务管理模式的特点

在我国，企业作为社会主义市场经济的重要组成部分具有举足轻重的地位，而在经营过程中，企业财务管理模式对其具有直接或间接的影响。电子商务是互联网时代的一种新型商业模式，改变整个市场的同时，也在极大地影响着企业的经营。虽然在一定的时间内，企业财务管理模式具有很强的稳定性和协调性，但是由于内部环境和外部环境的持续改变，它也呈现出一种动态的发展特征。

（一）越来越趋向集中式财务管理

电子商务在其不断的发展中，逐渐将客户、销售、产品等各方面资源全部集中起来，企业的运作不再受时间和空间的限制，但这种情况同时也让企业更加依赖客户、合作方等虚拟企业。企业在经营管理中需要全面掌握信息，这就为集中式财务管理提供了一个有利的运行环境。企业的数据、信息和财务信息的管理权都可以通过集中式管理全部集中起来，进而使资金得到快速调拨。同时，电子商务既具备信息共享的功能，又具备高度的集权管理能力，这样就使信息流、资金流和物流都可以进行统一的管理，所以，财务人员对企业经营数据的收集就十分方便快捷，在数据管理方面的能力也更突出。企业管理层也可通过对企业内部的财务信息进行有效的查询，实现高效的监管目的。由此可见，集中式财务管理可以有效地促进资源的分配和资源的整合，从而在很大程度上减少企业的运营成本。

（二）协同化财务管理范围不断扩大

以电子商务为导向，促使企业的财务管理与经营活动同步，从而促进企业内部协同化财务管理的发展。协同财务管理除了日常的财务管理活动，还能把企业的财务管理、经营活动、供应链沟通这三者有效地结合起来，并在一定程度上与社会部门形成合作关系。在企业协同经营的过程中，一旦出现了交易，就必然会产生相应的财务信息，而这些信息可以迅速地被处理，并且及时反馈给业务系统，同时还可生成协同管理的信息。通过以上功能，可以有效地掌握企业的财务活动和经营活动的时间差异，避免财务滞后于业务经营，确保二者之间的均衡，从而实现企业的长远目标。

（三）逐渐转向动态化管理

过去，企业的财务管理主要是以静态的方式进行的，而静态的管理是以会计数据和部门数据为基础建立的。在信息化的背景下，利用互联网技术可以实现对企业的日常经营，甚至是各个细节的动态监测，使静态的财务管理逐步向动态化的方向发展。在动态财务管理的影响下，企业的相关业务可以快速地转化为会计信息，这是一种具有潜在商业价值的信息，并且通过对这种信息的综合分析，可以很快得到一份财务报告。此外，企业还可以与网上银行建立联系，通过网上银行的平台，可以即时查询银行的资金情况等。通过以上的动态财务管理，企业能够更加可靠地进行风险把控，并根据自身可能存在的风险进行快速、有针对性的决策，从而大大提高企业的经营安全性。

（四）财务组织管理更加高效

把电子商务与财务管理对象、特点相结合，可以使其成为一种独特的管理方式。首先，将财务管理原则、财务管理的主要参考指标与电子商务模式下的企业的财务管理体系进行有机融合，使企业内部各方面事务都更加细化。其次，电子商务环境下通过实行分级管理，使各部门分工清晰、责任明确。最后，电子商务有一套完整的财务组织与经营计划，各部门的业务流程控制和工作评价均比较平稳、清晰。

（五）财务管理活动更加便捷

在电子商务中，既可以实现资金的安全、高效、便捷的支付，又可以实现信息的交互和资源的共享，使企业的财务系统更具电子化特色。电子商务不但可以通过网络在内部对财务系统实行管理和监控，还可以重构财务的基本架构，使财务流程和财务管理体系融合得更好。另外，由于电子商务在导向性方面具有核算、决策和控制三种信息需求模式，因此，核算导向、决策导向和控制导向在实现了电算化的基础上，还具备了信息化和智能化等特点。

二、电子商务对企业财务管理的强化措施

目前，在电子商务背景下，全国范围内的企业都需要加强和改进自身的财务经营管理模式，不断提高工作水平和效率，以保证企业的经营质量、效益和发展建设长期向好。为此，可从以下几方面入手。

（一）整合财务处理程序

在电子商务的环境中，企业要建立一个统一的财务管理模式，就必须将整个财务流程加以整合。首先，把财务管理方法和信息化技术有机结合在一起，将财务管理结构和流程组合起来，形成一个系统的管理模型；其次，从全局角度出发，减少无法产生增值的活动和无效活动，促使所有活动的财务流程都能得到合理的优化。

（二）改革企业财务管理制度

企业应根据目前电子商务背景下的新形势和现实需要，结合我国现有的法律法规和政策指导，从企业的实际经营情况和未来发展状况出发，制定适合企业目前经济活动和业务发展的财务制度；积极改革并补充完善以往不切合实际、不合理的管理条款，建立健全、可靠的财务管理制度。同时，积极确立企业财务管理体系的新目标、新流程、新方法和新标准，强化信息安全和自动化方面的制度保障，使企业的财务管理工作有一个更加完善、可靠的制度后盾。

（三）强化财务管理监督工作

企业应根据当前电子商务环境下财务管理信息化和自动化这一根本特征，强化财务监督管理，并进行有针对性的监控，特别是对

于“刷单”现象要严格控制。企业要坚持公平竞争、合法经营的原则，以高质量、低成本、强售后等优势手段来开拓和占领市场，杜绝“刷单”等不良现象的产生，防止和遏制因“刷单”造成的虚假支出，防止账实不符、账上作伪等违法行为的发生。与此同时，有关政府部门要对“刷单”等不良行为进行规范化管理并制定专项的监管办法，对不良竞争行为进行严厉的惩罚，进而营造一个健康、公平、法制的电子商务市场竞争格局。

（四）强化企业财务管理的信息化水平

无纸化、自动化、信息化是电子商务发展的一个显著特征，在这种新的经济环境下，企业应时刻关注并提高自身的信息化管理水平，加大力度建设财务信息化管理系统。另外，企业要通过信息科学和技术、系统工程、网络技术等各个方面的理论知识指导，对已有的财务信息系统进行更深层次的优化、调整和完善，并在网络安全方面加强财务系统的保护措施，以便进一步建立一个适合电子商务环境下的企业财务信息数据库。这样不但有力地保障了财务信息的安全性、可靠性和有效性，还进一步提升了财务管理工作的信息化、自动化、智能化程度。

（五）深度改造财务处理控制

改革开放以后，我国社会出现了巨大的变革，许多行业和领域都得到了很大的发展，特别是在电子商务领域。在电子商务环境下，财务管理可以实现财务控制、集中管理、财务协同经营管理、远程控制以及财务组织的高效管理和信息系统的构建等多种特征，只有将财务处理流程进行整合，同时构建财务制度和重组财务结构，并对财务处理过程的控制进行深入的改造和完善，才可以在电子商务环境中建立起新的财务管理模式，这也是建立现代企业财务管理模式的必要环节。把财务处理的控制管理手段和信息化技术有机地结合起来，从而使各种财务处理的控制手段更加灵活；其次，构建各种新型的财务管理结构，例如星型管理、横向总线型管理、虚拟组织管理、网络化管理等。

（六）提高财务管理人员的素质水平

在财务管理过程中，企业应加强对财务管理人员的业务能力、职业技能和道德素质上的培养，并定期组织对财务管理人员的教育和培训，使他们的财务知识、业务素质、技术能力和实际操作能力都得到进一步提高，从而更加适应电子商务环境。同时，还要组织财务管理人员积极认真地学习计算机技术、网络技术以及与电子商务有关的法律规则制度，使其对电子商业环境下的财务风险有一个较好的认识和把控，同时让财务管理人员学会相应的应对措施，提前进行预防，以有效提升他们的素质水平。

第二节　财务管理创新分析

在现代经济和信息技术的快速发展下，传统的经营方式已经不能适应现代经济的发展需要，企业如果想要实现良性发展，就需要进行改革创新，而财务管理模式也必将寻求改革和创新，才能适应电子商务背景下的企业需求。因此，企业要从长远发展的角度出发，根据现实需要，构建一套行之有效的财务管理系统，以保证自身健康、稳定地发展。

一、财务管理内容创新

从财务管理的内容方面来看，在电子商务的背景下，传统企业的财务管理一般会通过建立强大的供应链系统来应对激烈的市场竞争。因此，在生产和销售系统中，企业的财务管理更注重各项有形资产的投入、未来收益的水平以及收益周期之间的相互影响。但是电子商务背景下的企业盈利能力则更多的是由其所拥有无形资产来决定的，如知识产权、商业信誉、人才活跃度及信息化程度等方面。而在实际的制造和分销方面，企业可以借助电子商务有利的环境，发挥自身强大的资源整合优势，利用专业的代工企业、物流企业来帮助自己在线下进行有效的运营。所以，对企业的无形财产进行最优的规划和分配，成为电子商务背景下企业财务管理的首要任务。

二、财务管理功能创新

电子商务的出现使以往的商业运作模式发生了根本性的改变，这使财务管理功能在一定程度上也产生了很大的变化，不管是从管理工具、支付模式方面还是从工作地点方面，都与传统的管理模式大不相同。

（一）财务管理工具的创新

电子商务环境迫使企业必须将其原有的财务管理工具进行改革创新，而这主要表现在企业财务管理体系的信息化建设上。企业财务体系的信息化建设首先要以流程重组为核心，同时注重与电子商务交易体系的整合，将信息需求分为核算导向、控制导向和决策导向三种，并进一步探寻这三种导向与企业信息化、电算化、智能化三个支撑体系之间的联系，从而达到在内部有效地执行网上财务监控和管理、在外部实现资源共享和信息互动及时的目的，并且使电子支付、电子结算以及与之相关的财务业务电子化可以更加高效、安全地运行。

对于处在电子商务环境中的财务管理信息体系来说，其安全保障是极关键的，因为财务信息往往与企业资金和商业机密等密切相关，一旦出现了疏漏，就会造成巨额的财产损失，甚至使企业濒临毁灭。所以，对于它的传输方式和存储方式都有很高的要求。因此，国内外学者纷纷给出很多保证信息安全方面的建议，如形成网上公证牵制、设置灾难风险控制、分离监控和操作、建立与现有审计委员会相似的内控机构等。鉴于此，市场上出现了大量基于网络的财务软件和系统。以 SQL Server 为基础的大型数据处理系统，包括总账、应收账款、报表、现金流量表、工资管理、固定资产、成本管理、资金管理、财务分析、采购计划、采购管理、销售管理、库存管理、存货核算、行业（集团）报表、合并报表等各种模块。在电子商务背景下，企业可以通过这些软件系统来实现对市场和资源的有效调控，建立新的资金周转方式，提高供应链之间的协作运行，进而为企业奠定坚实的基础。

（二）支付模式的创新

在这个信息时代，人们不断在追求方便、快捷的生活方式。在付款方法上自然也是如此，由此开创了电子化的付款方式。

电子支付指的是消费者、厂商和金融组织等有交易需求的人利用网络进行的一种安全的现金支付方式。在我国的电子商务体系中，电子支付是一个非常关键的组成部分，人们对其进行了大量的研究。

电子支付是随电子商务的发展而产生的，人们可以利用电子支付来提高购买效率和使用便捷程度。除了消费，目前很多企业的工资发放也都开始采用电子支付的方式。现在最常用的就是通过微信和支付宝支付，这两种都属于电子支付的升级版，消费者只需将银行卡与自己的微信账号或支付宝账号绑定，就可以轻松实现收付款功能。这样既节省了时间，还解决了找零钱的问题。另外，还有 AA 收款、转账、手机充值、理财等其他各种金融功能，与传统的支付方式相比，这种电子支付更加快速、便捷，并且还有很多其他方面的关联服务优惠，比如打车、叫外卖等。一般情况下，电子支付分为电子货币、电子支票和电子信用卡三种。

1. 电子货币

电子货币是一种以电子媒介为依托，通过数字形式来体现价值的货币形式。它代表着人们在网络上的真实财产，通常包括电子钱包和电子现金两种。承载电子货币的电子装置分为两种，一种是智能卡，它将一块存储有使用者电子财产信息的电子芯片嵌入卡片的内部；另一种是基于服务器的电子货币载体，一般大的金融机构会采用这种方式，它通过建立服务器系统来进行数据处理，并将用户的电子服务信息储存在这里。

电子货币自身并非实物，而是一种虚拟的数据信息，但其被赋予了一种经过加密处理的授权信息，让数据信息可以单独地代表一个特定的用户的财富。但是，这些虚拟的数据信息必须由智能卡或者计算机服务器来支持。

2. 电子支票

在传统的商业模式中，由于使用了支票作为买方和卖方之间的结算工具，买方无须携带大量的资金与卖家进行贸易，从而确保了支付的便捷和安全。但是，支票是一种纸张的形式，无法长久地保存，而且签名也有可能被模仿。电子支票可以通过数字化的方式来体现纸质支票的一切信息，并且其在计算机上所占的储存空间非常小，如果计算机的服务器能够安全地保存这些数据，那即使服务器发生了错误，计算机主机也会进行相应的数据备份，使电子支票的数据信息也不会遗失。同时，电子支票信息往往必须经过密码与验证码双重校验才可以，因此比传统支票安全得多。

3. 电子信用卡

电子信用卡是一种基于网络的，方便、快捷的电子支付方式。持有电子信用卡的用户可以通过发卡机构迅速地获取额度信息，从而防止信用卡持有人无力偿还。因为电子信用卡必须经由公用互联网来进行数据传输，所以必须在技术层面上确保其安全、可靠，通过 SET 安全电子交易协定可以实现这一目的，同时，在使用电子信用卡付款时，还必须对用户、商户和发行机构进行身份验证，从而避免发生抵赖行为。

（三）财务管理人员工作地点的创新

在电子商务时代，互联网的高度发展让在电子商务环境中工作的财务人员的工作场所也有所改变，从之前传统的办公场所转移到了互联网。这样，无论财务人员身处何处，都能迅速、准时地处理相关的工作。通过互联网，任何企业与顾客、供应商以及不同的政府部门之间的信息传递和业务往来都能被快速、精确地反映出来，这是传统方式所不能比拟的。

三、电子商务环境下财务管理理念的创新

信息技术的发展促进了电子商务环境下的企业诞生，电子商务的管理方式也不同于传统企业，财务管理作为企业管理的重要组成部分，其理念也要相应地不断进行创新。

（一）“零”的理念

1. “零存货”理念

在传统的企业里，库存管理十分关键，既不能太少，也不能过剩。如果存量太少，不仅无法满足顾客的购买需求，还会失去一部分顾客，从而降低销量；如果存量过剩，则会导致库存积压，不但对产品的品质产生一定的负面作用，还会使企业的资金被大量占用。在电子商务环境中，基于互联网信息的实时交流，使买卖双方的需求可以即时地被分享，这样能够有效地降低企业的资金和商品

的存储需求，进而减少企业的库存成本。

“零存货”也就是所谓的准时生产，指的是企业在供应、生产和销售的过程中，使原材料、正在生产的产品、已经生产的产品三者的库存接近于零，从而规避存货所占资金成本的机会费用，防止存货出现过时、跌价和毁损等风险。在电子商务模式下，企业在制定生产方案时，首先要与顾客商谈以便确定他们所需的产品数量，然后以顾客的实际需要为生产目标进行生产规划，同时，根据这一计划向原料供应商提出产品需求，从而达到库存近乎为零。由此可以看出，“零存货”是以客户的需要为出发点，以供方的产品为终点的。这种模式是由下游用户到上游的供货商、由后向前推进的生产模式。

2. “零营运资本”的经营理念

当管理层在经营运作企业时，实际可以使用的资金数量就是营运资本，营运资本是指企业资本和短期负债之间的差额。而在财务管理层面上，将企业流动资产与企业流动负债的比例称为企业财务的流动比率。在一般的经营观念中，管理层通常会把流动比率控制在一个高于 1 的范围内，既不会太高也不会太低，以此增加企业抵御风险和改善其短期债务的能力。通常情况下，太高或太低的流动资金比率往往会导致存货和应收账款所占资本比例失衡，这种情况不但不能增强企业抵御风险和偿还债务的能力，还会造成潜在的风险，因此要尽量避免。

而在电子商务背景下，经营者抛弃了上述的经营资本指标，转而投向“零营运资本”，即将企业的流动比率控制在 1 左右浮动。换句话说，在这个时候，企业的营运资本价值为 0，也就是企业的资本和短期负债之间的差额为 0。电子商务环境使企业的资金流动效率大大提高，而依靠增加企业的流动比率来增强企业抵御风险、提高短期偿债能力的作用已十分有限。如果仍然保持传统的流动比率，则不但无法对企业的经营管理产生助力，而且还增加了企业在存货、应收账款和待摊费用方面的资金占比，这对企业的资金周转十分不利。因此，电子商务环境下的企业财务管理往往需要企业的经营资金尽可能地减少，甚至到零。只有在此前提下，企业的资本利用效率才会达到最大，从而提高企业的抵御风险能力和发展速度。

（二）竞争合作思想

经济一体化和商业信息化的浪潮催生了电子商务的迅猛发展，这对于当今的经营者来说，既存在机会也存在挑战。在这种无法逆转的趋势下，许多企业都迈入了高速发展的道路，而竞争与合作的思想也随着企业经营理念的改变发生了很大的变化。我们经常说，在生意场上，没有永恒的朋友，只有永恒的利益。这也深刻诠释了竞争合作思想的本质。竞争并不只是同行之间才会产生，在整个社会中，跨行业的竞争也是非常激烈的。

在这个以电子商务为主流经营形式的年代里，竞争对手不再是单一的传统竞争，而是要根据市场的发展，对竞争的关系进行合理的调整，有时还必须完全抛弃竞争观念，谋求共同发展，达到双赢。而当市场环境发生变化时，原本合作的企业可以打破现有的合作模式，利用自身的优势，对竞争对手进行强有力的攻击，从而达到有效抢占市场的目的。这种情况并不少见，比如，钢铁企业会组成一个行业联盟，去和一个铁矿石供应企业就铁矿石展开激烈的竞争；又如，网络金融受电子商务环境的不断影响，国有银行之间以及国有银行和商业银行之间的竞争也越发激烈。

四、企业筹资渠道的创新

银行与企业的信息不对称使许多中小企业难以获得所需要的贷款。实际上，银行是非常愿意将贷款发放给中小企业的，但是因为银行对大多数中小企业的运营情况、偿还能力等方面的信息知之甚少，因此，各大银行都不敢轻易冒险发放贷款，而大型企业的信贷则成为众多银行争相抢夺的对象。然而根据调研结果，目前我国所有企业中大型企业仅占百分之十左右，而中小企业则是我国经济发展的中坚力量。为此，商业银行若要得到更好的发展，那么必然应将目光更多地投向中小企业，逐渐加强中小企业信贷业务的力度。为了更好地服务于各个中小企业，银行必须建立一个能够将银行与中小型企业之间的信息不对称处理好的交流通道。很明显，互联网是实现这种交流方式的最好途径，于是就有了基于电子商务的网商融资。网商融资作为一种新型的借贷形式，是由各大银行和电商平台联合开发而成的，与一般的借贷模式相比，这种形式无须担保和抵押，主要以企业的网上信誉为衡量基础，只要企业信誉有保证，在一定的额度之内，就能获得所需的资金。

在新的商业模式中，银行与电子商务服务提供商的业务合作范围非常广泛，因此，在此基础上，银行可以通过企业网络信用的历史来判断是否将贷款给企业。这些信用历史记录包括企业历来的经营信息以及消费者、供应商、政府和竞争者等对企业的评价，银行可以利用这些信息对企业进行信用等级评定，进而决定是否发放贷款以及贷款的额度。在电子商务环境中，这种融资方式为企业带来了前所未有的便捷，同时为企业节省了一定的费用。

首先，企业可以通过网络找到融资供应商。在电子商务背景下，网上有很多大小不一的企业，有资金需求的企业可以利用网络与广大企业联系，这样既方便又快捷，双方在很大程度上都能及时准确地获取对方的信息。

其次，为企业在电子商务环境中迅速融资提供了便利。网络能给用户提供一个实时交流的平台，也能为用户提供更多的查询途径，从而很大程度上为企业和资金提供方节省了大量的人力、物力和时间，避免了不必要的支出，加快了融资速度，缓解了企业在电子商务中融资的困境。

再次，融资供需双方的成本都得到降低。电子商务背景下，网络为企业和资本提供方搭建了一个很好的交流平台，这能使双方获取大量所需的信息，同时也为双方的及时沟通提供了便利的渠道，极大地缓解了企业因信息不对称造成的交流不顺畅问题，通过网络，仅需两台计算机就可轻松解决这一问题，进而大大降低供资双方的成本。

最后，融资需求方可以有更多的选择。相比传统的融资方式，网络融资的渠道范围明显要大得多，而且不会因为现实生活中仅能邻近选择的地理位置而受局限。通过电子商务中的网络平台，企业就能从众多融资渠道中，挑选出最适合自己的融资方式，从而降低资金筹措的成本。

当前环境下，互联网已经渗透到社会的方方面面，商业行为必须顺应这种大潮流，实现自身的数字化和电子化变革。但是，与一般的商业行为相比，电子商务并不是单纯地把商业行为从线下转移到网络上。在交易过程中，电子商务极大地改变了交易各方的利益分配，提高了交易效率，从而使电子商务具有国际化、低成本、高风险、工作环境灵活、交易流程数字化等不同于一般商业行为的突出特点。也正是因为这种新型的商业形式，使企业在电子商务环境中的运营更需要坚持不断创新，努力发挥自我优势，助力经济稳定增长。

第三节 财务管理模式在传统零售业的实施

一、打造企业的信息化以满足未来发展趋势

（一）构造科学合理的财务组织结构

电子商务环境下，传统零售业企业组织经过实践与理论证明了

其企业结构逐渐趋于扁平化，一些专家学者通过对财务组织所明确的一系列理念，赋予了财务组织结构转变的新范围和新视角。

（二）整合好财务管理流程

20 世纪末，欧美经济管理学家曾就财务管理中信息技术的作用提出了以“流程再造”为主体的企业管理革命浪潮。传统零售业应充分运用信息技术与管理方式结合的方法来重新组织架构与进程，并合并循环环节，最大限度地减少无用活动和不增值活动，整体上优化全局流程。

（三）消除信息交流滞后性

进行内部信息的及时沟通，消除信息交流的滞后性，达到沟通零距离。传统零售业企业应整合好企业的内外部财务资源，以促进零售业企业中的网络运用，实现财务的高效工作。应当健全企业信息化集成方案，将零售业的资金与物流等信息数据进行整合并统一管理，构建包含 CRM 客户管理系统及 SCM 供应链系统与 BI 商业职能系统等的 ERP 系统平台，把限于局域网区域的内部中小型财务数据平台系统软件延伸至符合电子商务发展要求的内外网通行的财务系统软件。

（四）实现信息一体化

把零售核算型的会计软件延伸至网络即时化、数据管理一体化会计软件。将各大资金业务平台与网络贸易平台进行协议互通，如网络银行、税务数据贸易平台等，实现数据信息一体化与资金物流的一体化。

（五）开发便捷高效的财务软件

当前国内的财务软件没有真正变更对传统业务的模拟，仅仅是在传统的会计处理改进的问题上增添了模拟其他业务的方式。以往的自动化流程套路依旧存在，这通常因为：一是宏观的财务制度受限的因素，二是软件开发商受制于商品化市场环境。财务软件模块的增长与价格的提升成正比，却会导致软件使用的难度逐渐变大，各种软件之间的模块无法兼容，使许多企业陷入两难的处境，因此，传统零售业进行财务管理可聘请专业的软件分析师和软件工程师进行财务软件的开发，在不影响财务处理的功能性的基础上减少模块，降低软件的使用难度，并为各软件架桥，避免兼容问题所导致的错误，以高效便捷地进行财务管理工作。

二、集中化管理资金，创建符合零售业发展的电子商务资金流

电子商务资金流的网络化支付方式具有信息直接、透明及真实反映的特性。随着电子商务的不断发展，贸易速度日渐加快，资金周转流通效率也逐步提升，全球化的资金流通便于电子商务市场的区域扩大，可以高效率地开展业务，实现整合成本、节省成本。这就需要以更大的数据化信息平台来整合各方供应链的数据资源，其中包含核心企业与上下游企业、网络银行与物流仓储等，以达到各方信息的及时输送。零售业的财务管理工作的最终目标是打造反应及时、操控严格、管理高效的企业全方位内部资金流管理系统，使内部资金信息数据库得以构建，达到资金流的整合管理，并借助现有的网络设备达到资金信息共享与即时结算的目的。

三、自企业内外部确保网络安全

自传统零售业企业的内部就要构建起健全的安全防范体系系统，购买国内外最优秀的企业级防火墙及杀毒软件，软件的安全技

术对企业的财务信息进行加密存储，企业员工的身份识别和数字签名也要多层加密，工作步骤在系统中要有详细记录备案，有所依据。并且，企业应定时组织财务人员进行安全培训，提高财务人员的安全意识，以适应当前环境，以及企业未来的发展需求，提升内部财务管理水平，防患于未然。

四、系统化地培训电子商务方面的财务人才

要应对当前电子商务的发展趋势，传统零售业应加强对财务人员的技能方面培训，更新、补充新的财务管理理念，善于运用信息系统分析数据，及时反映当前财务情况，提高企业员工的财务技能水平。

五、加强法制建设，完善法律法规，加大税务与财政监管力度

健全电子商务有关的财政与税务等法律法规，确保该方面的网络信息安全，保障传统零售业在电子商务环境下的健康发展，如《中华人民共和国合同法》明确了电子商务合同的法律地位，并把书面合同拓展至数据电文的方式。此外，仍需继续完善网络财务立法措施，政府也应当出台相应政策，确保电子商务的和谐有序，避免纠纷；规范电子商务的网络交易平台，维护网络安全，规范网络秩序。

总之，电子商务对企业的财务管理产生了不可忽视的作用。在这样的大环境下，企业要使自身的财务管理工作更加出色，就要与目前的发展趋势相适应，主动地进行财务管理创新改革，积极探索新的财务管理方式、健全和完善财务管理体系、规范财务管理程序、提升财务人员的素养；在管理的理念、环境、方式、内容、流

程等多个方面出现的一系列新的变化采取积极的应对措施，并从不同角度开拓创新，进一步增强企业的竞争实力。同时，企业还要意识到当前电子商务在安全性等方面的不足，加强对企业财务信息的电子化监管，并相信随着互联网技术的不断发展和创新，可以有效地解决财务管理面临的一系列问题，从而保证财务工作的效率、质量和安全，使我国企业在电子商务的大环境下继续繁荣、健康地发展。

参考文献

[1]薄其文. 大数据时代企业财务管理模式创新性研究[J]. 佳木斯职业学院学报,2020,36(3).

[2]财政部会计资格评价中心. 财务管理[M]. 北京:经济科学出版社,2017.

[3]财政部注册会计师考试委员会办公室. 财务成本管理[M]. 北京:经济科学出版社,2017.

[4]曹剑峰. 财务管理[M]. 北京:经济科学出版社,2018.

[5]常叶青,吴丽梅. 财务管理[M]. 北京:高等教育出版社,2013.

[6]陈丹彤. 电子商务环境下企业财务管理创新思考[J]. 投资与合作,2020(9):102-103,109.

[7]崔融融. 基于协同电子商务的企业信息管理研究[J]. 江西电力职业技术学院学报,2021,34(3):107-108.

[8]邓引明. 探究财务共享模式下的财务管理创新[J]. 纳税,2018,12(34):82-83.

[9]郭复初,王庆成. 财务管理学[M]. 北京:高等教育出版社,2014.

[10]荆新,王化成,刘俊彦. 财务管理学[M]. 8 版. 北京:中国人民大学出版社,2018.

[11]李冉. 中外会计制度差异下跨境电商企业财务管理问题及对策[J]. 铜陵学院学报,2021,20(4):45-47.

［12］梁钰，刘儒晒. 财务管理学［M］. 北京：北京理工大学出版社，2010.

［13］林典伟. “互联网＋财务管理”模式下，上市企业财务管理的创新研究［J］. 时代金融，2018（33）：208，214.

［14］乔玉洋，邱强. 财务管理学：理论・案例・模型［M］. 南京：东南大学出版社，2017.

［15］王凤翔. 基于电子商务环境下的企业财务管理创新思考［J］. 大众投资指南，2020（21）：75-76.

［16］王逸樵. 电子商务环境下企业财务管理对策研究［J］. 山东交通科技，2020（5）：135-137.

［17］王玥琳，施国庆. 财务分析对企业发展的三大支持作用［J］. 财会月刊，2017（31）：112-117.

［18］魏素艳. 企业财务分析［M］. 2 版. 北京：清华大学出版社，2016.

［19］吴琼. 2016 年会计专业技术资格考试辅导教材：中级财务管理［M］. 北京：清华大学出版社，2016.

［20］许梦雨. 电子商务环境下企业财务管理对策研究［J］. 中国管理信息化，2020，23（22）：32-33.

［21］杨雄英. 企业财务分析存在的问题及对策思考［J］. 经贸实践，2018（8）：36-37.

［22］于莉，常化滨，杨淑芝. 财务报表分析：方法与案例［M］. 北京：中国电力出版社，2016.

［23］翟子昂，田志浩. 电子商务环境下企业财务管理存在的问题及对策探讨［J］. 现代商业，2018（8）：143-144.

［24］刘禹含. 电子商务环境下企业财务管理问题探究［J］. 智库时代，2018（43）：50-51.

［25］张春颖. 财务管理学［M］. 北京：中国铁道出版社，2016.

［26］郑小平，许风群. 财务管理学［M］. 北京：北京理工大学出版社，2013.

[27]中国注册会计师协会. 财务成本管理 CPA [M]. 北京:中国财政经济出版社,2018.

[28]祝建军,王章渊. 财务管理[M]. 大连:东北财经大学出版社,2015.